NÃO AGUENTO MAIS

PADRE
ALESSANDRO
CAMPOS

NÃO
AGUENTO
MAIS

Reflexões para
sobreviver a
tempos difíceis

principium

Copyright da presente edição © 2021 by Editora Globo S.A.
Copyright © 2021 by Padre Alessandro Campos

Todos os direitos reservados. Nenhuma parte desta edição pode ser utilizada ou reproduzida — em qualquer meio ou forma, seja mecânico ou eletrônico, fotocópia, gravação etc. — nem apropriada ou estocada em sistema de banco de dados sem a expressa autorização da editora.

Texto fixado conforme as regras do acordo ortográfico da língua portuguesa (Decreto Legislativo nº 54, de 1995).

Editor: Guilherme Samora
Editoras assistentes: Fernanda Belo e Gabriele Fernandes
Preparação: Ariadne Martins
Revisão: Adriana Moreira Pedro e Patricia Calheiros
Projeto gráfico e diagramação: Douglas Kenji Watanabe
Capa: Guilherme Francini
Fotos: Cauê Moreno
Vídeos gravados no Mosh Studios - SP
Trilha sonora: Saulo Rodrigues
Edição dos vídeos: Eliel Rodrigues Rocha

CIP-Brasil. Catalogação na publicação
Sindicato Nacional dos Editores de Livros, RJ

Campos, Alessandro,
    Não aguento mais / Alessandro Campos. – 1ª ed. – Rio de Janeiro: Principium, 2021.

ISBN 978-65-5567-010-3

1. Vida cristã. 2. Deus. 3. Fé. 4. Técnicas de autoajuda. I. Título.

20-64080   CDD: 248.4
                                                                                CDU: 27-4

Leandra Felix da Cruz Candido – Bibliotecária – CRB-7/6135

1ª edição – abril/2021 - 2ª reimpressão – maio/2021

Editora Globo S.A.
Rua Marquês de Pombal, 25
Rio de Janeiro, RJ — 20230-240
www.globolivros.com.br

Dedico este livro exclusivamente a Deus, que me deu a inspiração para escrevê-lo e deixar, cada dia mais, Sua mensagem para o maior número possível de pessoas.

Sumário

Introdução 9

1. Você está pronto para a verdade? 11
2. O que te fascina? 16
3. Você está preparado? 21
4. Para que toda essa ansiedade? 25
5. Do que você tem medo? 30
6. O que vem em primeiro lugar em sua vida? 35
7. Qual é a sua prisão? 39
8. Você confia em quem? 45
9. Você quer ser curado? 50
10. Você é o que você tem? 54
11. O que pensam de mim? 59
12. Você já traiu? Já foi traído? 64
13. Você está pronto para a sua vitória? 71
14. Você está na solidão? 75
15. O seu amor é de verdade? 80
16. Você já agradeceu hoje? 85
17. Você realmente sabe do que precisa? 90

18. Você enxerga por detrás da aparência? 95
19. Como você gasta seu tempo? 100
20. Por onde eu devo caminhar? 104
21. Você junta ou você constrói? 109
22. Você separa ou você agrega? 113
23. Sua vida passa por uma tormenta? 118
24. Você é um bom amigo? 122
25. Você constrói uma ponte ou abre um abismo? 126
26. Deus quer renovar sua vida. E você? 132
27. Deixei a tristeza morar em mim. E agora? 139
28. Você escuta a vontade de Deus? 145
29. Meu Deus, como está a minha vida?! 150
30. Eu não aguento mais! O que faço? 157
31. Deus diz e Deus faz 162

Agradecimentos 167

Introdução

Escrevo esta introdução em um período muito especial de minha vida: na semana em que traço estas linhas, celebro catorze anos de ordenação sacerdotal. Foi um momento muito emocionante e marcante; eu já sabia o que me esperava. Eu sabia de minha missão.

Durante toda a trajetória até aqui — sempre colocando Deus e Jesus Cristo em primeiro lugar —, eu entendo que uma das maiores lições que temos é a compaixão. Jesus é pura compaixão.

Já paramos para entender o significado puro da palavra "compaixão"? É sentir a dor do outro e, através disso, ajudá-lo de coração aberto e entendendo que todos temos nossas dores, nossos obstáculos e nossas quedas. E com a certeza de que, praticando a compaixão, o mundo será um lugar melhor.

Por que estou falando isso? Percebi como tudo está interligado: a compaixão é um dos maiores pilares da vida de um padre. Pois, como padre, ouço todos os dias inúmeros pedidos de ajuda. Inúmeros questionamentos e pedidos de aconselhamento.

O que tenho notado é que, nesses últimos tempos, muitas pessoas em desespero têm chegado até mim. E escuto, muitas vezes, a seguinte afirmação: "Eu não aguento mais". Partindo disso, pensei em escrever este livro. A partir de agora, seremos nós, eu e você. E vamos, juntos, fazer reflexões e partir para soluções.

Escrevi 31 capítulos/ reflexões e proponho a você que leia um por dia. No caso, durante 31 dias vamos fazer, juntos, reflexões importantes sobre perguntas e pedidos de aconselhamento que ouço com frequência.

Veja bem: está na moda fazer aqueles sucos detox, dieta detox etc... E o lado espiritual? Como você cuida dele? Então, proponho isso: encare este livro como um detox espiritual. É um guia para os dias atuais. É pura reflexão e compaixão.

Para cada capítulo, criei uma oração especial. E, para ficar ainda mais perto de você, rezaremos juntos, através dos vídeos dessas orações, que gravei exclusivamente para este livro. Basta apontar a câmera do seu celular ou tablet para os códigos que aparecem nas páginas.*

Se Deus quiser, este livro vai te ajudar no seu caminho e possibilitará que você encontre soluções para a frequente constatação que perturba a sua vida: "Eu não aguento mais".

---

* Dispositivos devem ser compatíveis com a tecnologia.

1. Você está pronto para a verdade?

Reflexão

Nem sempre queremos ouvir a verdade.
Nem sempre estamos prontos para ela.
Mas o que vai fazer sua vida andar?
Uma mentira, uma falsa sensação de que está tudo bem?
Ou uma verdade dura, porém necessária?
A verdade dói, mas liberta.
E o Senhor só trabalha com a verdade.
Não existe meio-termo.

A verdade é um tema um tanto delicado. Todos dizem ser verdadeiros, todos dizem preferir a verdade. Mas, no íntimo, você está preparado para a verdade? Ou prefere algo mascarado, que não vai doer, mas também não vai ajudar em nada na sua vida? Vou citar, aqui, o Evangelho de Mateus (16,13-23):

> Jesus foi à região de Cesareia de Filipe, e ali perguntou aos seus discípulos: "Quem dizem os homens ser o Filho do Homem?". Eles responderam: "Alguns dizem que é João Batista; outros, que é Elias; outros, ainda, que é Jeremias ou algum dos profetas". Então Jesus lhes perguntou: "E vós, quem dizeis que eu sou?". Simão Pedro respondeu: "Tu és o Messias, o Filho do Deus vivo". Respondendo, Jesus lhe disse: "Feliz és tu, Simão, filho de Jonas, porque não foi um ser humano que te revelou isso, mas o meu Pai que está nos céus. Por isso eu te digo que tu és Pedro, e sobre esta pedra construirei a minha Igreja, e o poder do inferno nunca poderá

vencê-la. Eu te darei as chaves do Reino dos Céus: tudo o que tu ligares na terra será ligado nos céus; tudo o que tu desligares na terra será desligado nos céus". Jesus, então, ordenou aos discípulos que não dissessem a ninguém que ele era o Messias.

Jesus começou a mostrar aos seus discípulos que deveria ir a Jerusalém e sofrer muito por parte dos anciãos, dos sumos sacerdotes e dos mestres da lei e que devia ser morto e ressuscitar ao terceiro dia. Então Pedro tomou Jesus à parte e começou a repreendê-lo, dizendo: "Deus não permita tal coisa, Senhor! Que isso nunca te aconteça!". Jesus, porém, voltou-se para Pedro e disse: "Vai para longe, Satanás! Tu és para mim uma pedra de tropeço, porque não pensas as coisas de Deus, mas sim as coisas dos homens!".

Leia com atenção. Jesus tinha acabado de elogiar Pedro — que se tornaria o primeiro Papa —, e depois disse ao apóstolo que sofreria e morreria. Pedro, atordoado com a revelação, desejou que aquilo não acontecesse. E Jesus — que, como eu sempre afirmo, nunca foi um homem de meias-palavras — voltou-se para Pedro e disse: "Vai para longe, Satanás". Por quê? Porque Pedro não estava pensando como os caminhos de Deus, mas sim como os homens. É uma contradição escutar Pedro revelar quem é Jesus, Jesus elogiar Pedro ao dizer que Ele realmente havia sido tomado por Deus, e depois Pedro cometer um grande deslize e ser repreendido.

Nesse ponto, Jesus foi verdadeiro. Por mais que pudesse doer em Pedro, garanto que ele jamais esqueceu o que aconteceu. Eu e você, como Pedro, podemos ter vários pensamentos, podemos ter vários desejos. Mas o segredo é refletir: qual é a verdade de Deus? Como pensa Deus? Quem não pensa as coisas de Deus, está fora de todo o processo de evangelização, eu diria até de salvação.

Ou seja, através de uma verdade, ainda que dolorida, Jesus mostrou o caminho de Deus a Pedro. Ninguém é perfeito. Nós vamos ser lembrados — e isso só acontece por meio da verdade — de que somos pecadores, erramos, temos uma fragilidade enorme. E todos nós, que estamos neste planeta, somos assim.

Se você quer continuar a viver na mentira, saia para lá. A péssima notícia que eu tenho para dar para quem está nessa é que, se continuar desse jeito, vai arder no mármore do inferno. Quer saber mais? Você acha que o inferno é como aquela imagem do diabo, com tridente, com fogo? Tem gente que já começa a viver o seu inferno aqui na terra, com angústia, depressão, lágrimas e sofrimento.

Eu escolho a verdade, ainda que ela não seja fácil de assimilar, pois com ela eu estou com Jesus. E com Jesus, eu estou livre.

Oração

Em nome do Pai, do Filho e do Espírito Santo. Amém.
    Jesus de misericórdia, eu renuncio à mentira. Eu renuncio à calúnia. Eu renuncio aos falsos profetas. Eu quero viver em verdade. Eu quero viver na verdade do Senhor. Me concede esse milagre, me ampara no caminho para que as mentiras e as ciladas do mal disfarçadas sejam bloqueadas de minha vida. Que a verdade prevaleça em minha casa e entre os meus. Que a verdade abra os caminhos em meu trabalho e que me liberte para uma vida cheia de Deus e de alegria.
    Em nome do Pai, do Filho e do Espírito Santo. Amém.

2. O que te fascina?

Reflexão

Vamos pensar um pouco na palavra "fascinação".
Nos dicionários, ela aparece como "encantamento";
"forte atração por alguém ou por algo".
Certamente, é um termo bastante forte.
Você já pensou naquilo que te fascina
a ponto de atrapalhar o seu caminho?

No Evangelho, temos uma história marcante, na qual o apóstolo Paulo fica chocado ao descobrir que a comunidade dos Gálatas está se deixando levar por falsos profetas (Gálatas 3,1-3). Quando ele percebe isso, chama-os de insensatos. E questiona:

> Gálatas insensatos, quem é que vos fascinou? Diante de vossos olhos, não foi acaso exposto, como que ao vivo, Jesus Cristo crucificado? Só isto quero saber de vós: recebestes o Espírito pela prática da Lei ou pela fé através da pregação? Sois assim tão insensatos?

Vamos ser bem claros: nós somos humanos. Nos deixamos fascinar com facilidade pelo poder, pelo dinheiro, pela fama, pelo sucesso, por pessoas ricas, famosas e poderosas. Porém, vivemos eternamente frustrados e aprisionados por aquilo que nos fascinou.

Quer um exemplo claro do que estou falando? As pessoas estão passando cada vez mais tempo com o celular nas mãos, bisbilhotando a vida dos outros através das redes sociais. Então, ficam vendo fulana e fulano naquela vida cheia de glamour, fotos maravilhosas (a maioria retocada para todos parecerem perfeitos), viagens o tempo todo... E quem faz isso geralmente fica se perguntando: "Por que eu não tenho uma vida assim?". E se queixam da vida que levam. Deixam de viver experiências e de ter uma vida própria só para ficar observando a rotina dos outros.

O fascínio por aquilo mostrado nas redes — que não é real, pois ninguém leva uma vida de glamour o tempo todo — causa uma frustração em quem enxerga aquilo como o "mundo ideal".

Quantas e quantas vezes não recebo pedidos de ajuda de pessoas que traíram ou foram traídas por seus parceiros? Quase sempre, deixaram-se fascinar pela aparência. E, em seguida, vem a decepção. O arrependimento. Pois a tentação pode vir por meio da beleza. E depois? Adianta ter rosto de modelo, cabelo impecável, o tipo físico do galã da novela, se essa pessoa vai tornar a sua vida um horror? Quando só vemos a aparência, nos decepcionamos. As aparências enganam... O mal engana, ilude. O mal convence. O mal é paciente, ele vai tentando, tentando até conseguir. E o mal destrói.

Portanto, cuidado com aquilo que te fascina, a fascinação é uma mentira. Eu comparo o mal com o pescador: o pescador não está preocupado com o tempo, o que ele faz? Engana para capturar o peixe. Ele coloca uma minhoca no anzol, joga a vara, senta-se e fica esperando pacientemente. O peixe olha, vê aquela minhoca balançando, vai comer e aí vem a morte.

Pense, agora, nas coisas que te fascinam. Se você está casada(o), por que aquele bonitão ou aquela bonitona estaria querendo algo com você? Pense bem: eles não têm nada a perder. Quem está em um compromisso é você! Você está perdendo um enorme tempo de sua vida vendo a vida dos outros passar pela telinha do seu celular e está deixando de estudar, de ler um bom livro, de meditar a Palavra de Deus, de ver um filme. Repense nas horas que fica com a cara enterrada no celular. Deixe de insensatez. Seja mais inteligente. Como disse, somos humanos e vamos sempre encontrar fascínio em tantas coisas... O que temos de fazer é redobrar a atenção e entender quando o fascínio se torna perigoso. Se você está insatisfeita(o) com algo em sua vida, não procure fugas temporárias. Busque soluções inteligentes.

Oração

Em nome do Pai, do Filho e do Espírito Santo. Amém.

Jesus Cristo, que sempre me escutas, que estás sempre do meu lado, agradeço a paciência e peço: Senhor, eu estou precisando dessa cura, eu estou precisando resolver esse problema na minha vida. Eu não quero e não posso ficar insatisfeita(o). Eu não quero ter problemas no meu relacionamento, com meu(s) filho(s), com minha(s) filha(s), com meu pai, com minha mãe, com meu patrão, com meu amigo ou minha amiga.

O Senhor conheces, o Senhor sabes do coração de cada um, então, Jesus, a única coisa que eu Te peço agora é que escutes o meu clamor e a minha oração. Eu Te entrego a minha vida, tudo o que tenho e tudo o que sou, eu quero ser curada(o), eu preciso ser liberta(o) de toda a maldição, de toda a fascinação e de toda a insensatez.

Eu Te peço, pelo poder do Teu nome e do Teu sangue. Em nome do Pai, do Filho e do Espírito Santo. Amém.

3. Você está preparado?

REFLEXÃO

Certa vez, Jesus disse aos seus discípulos o seguinte: "Se o dono da casa soubesse a hora em que o ladrão iria chegar, não deixaria que arrombasse a sua casa. Vós também ficai preparados". Pensando nisso, nossa reflexão é exatamente esta: você está preparado?

Sempre que falo dessa Palavra, desse Evangelho, escuto as pessoas dizerem o quanto não estão preparadas. É esse o sentimento que trazemos no nosso coração: se Deus viesse nos buscar hoje, não estaríamos preparados. Entretanto, tenho cá minhas dúvidas. E vou explicar o motivo: sabemos preparar tanta coisa na nossa vida, preparamos muito bem todas as festas, por exemplo. A festa de aniversário, a gente se programa, organiza o local, decide os comes e bebes, faz o convite para os amigos, planeja-se tudo... Eu acho muito legal a atitude daqueles que gostam de fazer festas temáticas, pensam em algo diferente, com muitos preparativos!

Casamento, então, nem se fala! Tem tanta gente que fica noivo por anos e anos, planejando e até pagando o casamento! Quer mais preparação do que isso? E corre para escolher a igreja, o buffet, o vestido de noiva, a decoração...

Quantas vezes perdemos noites de sono, somos capazes de nos sacrificar, só para preparar algo que nos satisfaça? Lembra do começo do namoro? Ah, tudo é lindo.

Antes dos encontros, você se prepara, toma aquele banho, usa o melhor perfume, a roupa nova...

Não estou falando tudo isso à toa. Agora é que faço a minha pergunta para você: somos mesmo capazes de preparar tudo isso, mas não somos capazes de nos prepararmos para Deus?

O que é estar preparado para Deus? "Vigiai e orai." Trilhe seu caminho com fidelidade a Deus. Seja fiel a seus propósitos. Não se desvie por bobagens, por futilidades.

Nenhum ser humano é perfeito, tropeços acontecerão. Mas o importante é que sua balança esteja pendendo para o lado bom. O importante é que você se orgulhe de sua vida, de seu caminho. Que pratique a caridade, que saiba transformar a vida de seus amados para melhor. Que não leve intrigas e fofocas. Sem ressentimentos e sem rancor. Que não julgue nem saia por aí atirando maldições pelos quatro cantos. Que respeite os outros e a si mesma(o). Respeitando, acima de tudo, Deus. Isso, minha irmã, meu irmão, é comprometimento. Isso é estar preparado para Deus.

E você? Está preparado?

Oração

Em nome do Pai, do Filho e do Espírito Santo. Amém. Jesus Cristo, me perdoa pelos erros. Mas sabe que quero me tornar uma pessoa melhor, com retidão no caminho do Senhor. Me ajuda, Senhor, a me manter no caminho certo. Perdoa, Senhor, pela falta de paciência, se eu maltratei uma pessoa que amo, talvez o meu pai, a minha mãe, o(s) meu(s) filho(s), a(s) minha(s) filha(s), a minha esposa, o meu marido. Perdoa, Senhor, por eu ter julgado meu próximo. Perdoa, Senhor, por ter falado demais quando não deveria. Eu quero me libertar disso agora, desse sentimento ruim, desse ressentimento que está guardado no meu coração.

Renova-me, Senhor, para que eu esteja sempre preparada(o) para Deus, nosso Pai.

Em nome do Pai, do Filho e do Espírito Santo. Amém.

4. Para que toda essa ansiedade?

REFLEXÃO

Um dos maiores problemas de nosso tempo é, sem dúvida, a ansiedade. Você se preocupa muito com o amanhã, a ponto de não viver o hoje? Você dorme mal pensando nos problemas ou no que tem para fazer no dia seguinte? Fica fazendo planos e planos, sempre mirando o futuro e aguardando o "melhor que está por vir"? Pense um pouco nisso antes de começarmos o próximo tema.

Refletiu bastante sobre as questões da outra página? Pois bem, antes de mais nada, deixarei aqui um trecho muito impactante da carta escrita por São Tiago (Tiago 4,13-16):

> E agora vós que dizeis: "Hoje ou amanhã iremos a tal cidade, passaremos ali um ano, negociando e ganhando dinheiro". No entanto, não sabeis nem mesmo o que será da vossa vida amanhã! Com efeito, não passais de uma neblina que se vê por um instante e logo desaparece. Em vez de dizer: "Se o Senhor quiser, estaremos vivos e faremos isto ou aquilo", vós vos gloriais de vossas fanfarronadas. Ora, toda arrogância desse tipo é um mal.

Tiago, com toda a sua experiência, nos diz que os planos sem Deus são uma arrogância humana. Destaco uma frase: "Não sabeis nem mesmo o que será da vossa vida amanhã!". E é isso mesmo! Imagine que Tiago escreveu essas palavras milhares de anos atrás! E a gente continua a focar no amanhã e a deixar a vida passar. Tiago, claro, era muito mais polido do que eu. Serei bem direto — você, que me conhece, sabe que eu não sou de ficar dando voltas para falar algo: você fica aí, preocupada(o) em ganhar muito dinheiro, passando por cima das pessoas, da sua saúde e do seu tempo em família; fica aí, pensando que só vai ser feliz quando tiver uma casa de dois andares; fica aí, fazendo planos para daqui a dez, vinte anos... Que garantia você tem de que vai estar aqui daqui a dez anos? A gente pode morrer daqui a pouco! É como disse Tiago: a gente não é nada neste mundão. Somos uma neblina. O que é a neblina? A gente a vê, e dali a pouco ela some. Não está mais lá. É isso: somos seres passageiros neste corpo, neste mundo.

E, se você estiver aqui daqui a dez, vinte anos, e não tiver vivido o presente, chegará um dia em que você pode se olhar no espelho e pensar: "Meu Deus, quanto tempo que eu perdi!". E você vai conseguir recuperar esse tempo? Vai adiantar ter muito dinheiro se não dá para comprar tempo? Vai recuperar a saúde? Para que um monte de preocupações desnecessárias se você deixa de viver o essencial? "Não sabeis nem mesmo o que será da vossa vida amanhã!"

Não estou dizendo para não se planejar, para sair gastando tudo feito louco. Mas é necessário viver o hoje, é preciso entender que a ansiedade só nos faz mal. Ansiedade pode levar à depressão, pode te afundar em tristeza. O futuro é incerto, então, vamos trabalhar e fazer planos? Sim. Mas sem viver apenas para isso! Entenda que o hoje não volta. Olhe ao seu redor. Você está tratando bem aos seus? Ou apenas vivendo, atropelando a todos, tratando mal, pensando que "o amanhã vai ser melhor"?

E você pode me perguntar: "Padre, afinal, o que eu preciso fazer?". Tiago, brilhantemente, nos dá uma resposta sobre essa nossa reflexão. Ele responde, no versículo 15, "Em vez de dizer: 'Se o Senhor quiser, estaremos vivos e faremos isto ou aquilo'". Então, a lição que tiramos é esta: colocar Deus em tudo na vida. "Se Deus quiser..." Geralmente, quem diz isso são as pessoas com mais idade. Já notou?

— Dona Maria, a senhora vai amanhã na missa do padre Alessandro?

— Se Deus quiser, eu vou!

É isso que temos que aprender. Rezar para que seus planos aconteçam também é uma maneira de dizer "se Deus quiser". Vamos tirar essa arrogância de achar que somos donos do tempo. Vamos abrir mão dessa ansiedade. A vida, minha irmã, meu irmão, passa rapidinho enquanto você faz seus planos.

Oração

Em nome do Pai, do Filho e do Espírito Santo. Amém.

Não existe graça maior do que receber o Teu perdão, meu Pai, não existe graça maior do que receber a Tua cura, o Teu milagre, a Tua libertação. Se Deus quiser, e eu tenho fé de que o Senhor quer, minha vida será renovada. Viverei o hoje em paz e com alegria. E, se Deus quiser, terei um futuro tranquilo, uma boa vida e muita saúde. Meu Pai, levanta teus filhos caídos, me tira essa ansiedade, essa angústia, essa depressão. Tudo o que há dentro de mim precisa ser mudado, tudo o que há dentro de mim precisa ser transformado. E eu tenho fé. Com fé, eu tenho certeza de que o Senhor irás me ajudar no caminho. Com a ajuda do Senhor, eu não tenho motivos para preocupações.

Eu peço por meus familiares, eu peço por minha casa: tira, por misericórdia, todo o sofrimento e toda a ansiedade. Eu necessito da Tua graça. Eu clamo ao Espírito Santo de Deus, com força, fé e coragem, pois sei que Ele vai tocar em minha vida agora. Obrigado, Senhor.

Em nome do Pai, do Filho e do Espírito Santo. Amém.

5. Do que você tem medo?

Reflexão

Você tem medo de morrer?
Você tem medo de ficar sozinha(o)?
Você teme perder o emprego?
Você tem receio de fazer um investimento,
seja na sua empresa, seja no seu relacionamento,
seja no seu trabalho?
Você sai de casa todo dia com medo
de ser assaltada(o) ou sequestrada(o)?
Já parou para pensar nos seus medos
e de onde eles vêm?

Certa vez, nos conta o Evangelho de João (20,19--22), Jesus apareceu no meio dos discípulos que, com medo dos judeus, estavam com as portas trancadas. Jesus chega até eles e diz: "A paz esteja convosco!". E, após mostrar as mãos e o flanco para eles, repete: "A paz esteja convosco!". Depois, diz: "Recebei o Espírito Santo".

Ao desejar a paz por duas vezes, Jesus mostra que sabia o que seus discípulos precisavam fazer: vencer o medo. Vamos trazer isso para nossa vida? A proposta de Jesus para mim e para você é a proposta da felicidade, daquilo que eu e você estamos buscando e ainda não alcançamos. Por que não conseguimos o que buscamos? Porque temos medo. E o medo atrapalha a vida, bloqueia a felicidade, impede você de crescer. O medo deixa você estacionada(o), torna você infeliz, não permite que você tome atitudes para mudar de vida. E o medo nunca anda sozinho: traz com ele a falta de fé, a falta de esperança, a infelicidade, o sentimento de impotência. O medo anda de mãos dadas com a frustração.

Pensando nisso, até quando você vai permitir que esse sentimento prevaleça na sua vida e bloqueie tudo de bom que você pode — e deve — receber?

Existem inúmeros exemplos de infelicidade cotidiana. Você pode até ter dinheiro, mas não ter paz e ser infeliz; você pode ser linda(o), mas não ter paz nem encontrar a felicidade em nada que faça. O medo nos torna fracos, estamos atolados, virando pessoas que desistem por qualquer coisa. Que desistem por medo.

Já que falamos em cotidiano, vamos pensar um pouco nisso; em coisas que fazemos sempre, que repetimos sem nem sequer nos dar conta. Relembre todas as vezes que você foi tomar uma atitude importante, quis mudar de vida ou mesmo tomar aquela decisão acertada. Aposto que sempre deixou aquele ponto de interrogação no ar: "Será que vai dar certo?". Essa dúvida nada mais é do que o medo.

As pessoas procuram o diabo em tanta coisa e por vezes nem se dão conta de que o diabo está ao nosso lado, todos os dias, no sentimento do medo. Ele coloca o medo em nosso coração. O mal nos quer cheios de medo.

Deus não é medo. Deus é coragem! Você quer andar com Deus ou com o diabo? É preciso ter coragem, ter esperança e fé, é preciso perseverar.

Queridos, não permitam que o medo invada a vida de cada um de vocês, sabe por quê? Porque é muito bom viver com Jesus Cristo, é muito bom ser de Deus, é muito bom você estar ao lado de uma mulher com coragem, de um homem com coragem. Vamos ser sinceros: ninguém gosta de gente frouxa!

E Jesus, ah, Jesus sempre andou com os corajosos. Troque seu medo pela coragem. E, para não ter medo, eu acredito, confio e tenho a presença de Deus e do Espírito Santo, que nos trazem a paz, a calma e a coragem para a nossa vida.

Oração

Em nome do Pai, do Filho e do Espírito Santo. Amém.

Jesus Cristo, nosso Senhor, acalma o meu coração. Sopra o Espírito Santo em minha vida, entra em minha casa, meu senhor, e me liberta do medo. Leva embora a falta de esperança, tira daqui tudo o que me aprisiona. Arranca de mim o medo, o receio, que não me deixam prosperar. Meu Deus, maravilhoso e eterno Pai, quero clamar, também, por meus familiares e amigos, por aqueles que estão no meio do caminho, paralisados por medo. Me ajuda, com coragem e força, no trabalho, na família, em toda a minha vida.

Jesus, entra pela minha porta, eu aceito a paz, eu estou pronto e agradeço. Que a paz, o amor, a tranquilidade e tudo o que preciso estejam aqui.

Em nome do Pai, do Filho e do Espírito Santo. Amém.

6. O que vem em primeiro lugar em sua vida?

Reflexão

Proponho uma análise, aqui, entre nós dois. O que vem em primeiro lugar na sua vida? Seria o seu trabalho, já que ele paga suas contas e sustenta a sua família? Seriam seus filhos, que são mais importantes que tudo o que existe no mundo? Ou, talvez, aquele projeto que vai te colocar em um lugar de destaque no trabalho ou na universidade? Seria algo que você quer conquistar muito? Ter um carro ou uma casa? Antes de passar para o texto a seguir, pense no que mais te move, no que considera ser aquilo que está no topo do que é mais importante em sua vida.

Agora que fez o exercício que propus, pense bem na sua resposta. E chegue mais, vamos conversar sobre isso seriamente. Se você respondeu sim a qualquer uma das perguntas da outra página, temos um problema.

Minha irmã, meu irmão. Se você coloca qualquer coisa acima de Deus, sinto dizer, mas você está dando uma grande derrapada no caminho — Deus tem que estar em primeiro lugar em sua vida! Simples assim.

Vamos ser ainda mais profundos. Se você respondeu que seu trabalho é o mais importante de tudo para você, se esquece de que, sem Deus, nada prospera. Vamos citar um bom trecho do Salmo 1:

> Bem-aventurado o homem que não anda segundo o conselho dos ímpios, nem se detém no caminho dos pecadores, nem se assenta na roda dos escarnecedores. Antes tem o seu prazer na lei do Senhor, e na Sua lei medita de dia e de noite. Pois será como a árvore plantada junto a ribeiros de águas, a qual dá o seu fruto no seu tempo; as suas

folhas não cairão, e tudo quanto fizer prosperará. (1,1-3)

Percebeu? Quem coloca Deus em primeiro lugar, "tudo quanto fizer prosperará". Não tem segredo.

Se você respondeu que seus filhos vêm em primeiro lugar, eu digo que entendo o amor dos pais. Eu tenho em casa o exemplo de uma mãe abnegada, que criou os filhos de maneira exemplar. Mas ela sabe que Deus vem em primeiro. Até porque uma mãe e um pai não podem estar ao lado dos filhos o tempo todo. Mas Deus pode. E estará, basta você ter Deus em sua vida e pedir que Ele olhe por seus filhos.

Eu converso com muita gente. E vejo, entristecido, que Deus está em último lugar na vida de quase todo mundo. É tanta preocupação, tanta coisa para fazer, um mundo de eventos acontecendo ao redor, que acabam se esquecendo Dele. E, enquanto Deus estiver no último lugar de nossa vida, meus irmãos e irmãs, estamos lascados!

Sim, vamos nos frustrar, vamos nos decepcionar. E sabe por quê? O padre decepciona, o empresário decepciona, o político decepciona, o marido decepciona, a mulher decepciona, o(a) namorado(a) decepciona... Agora, Deus jamais decepciona. Jesus Cristo jamais decepciona. Então, pense bem: se a gente colocar na frente quem jamais nos decepciona e que pode nos ajudar com tudo, todos os problemas e as decepções que acontecerem serão ultrapassados no amor de Deus.

Oração

Em nome do Pai, do Filho e do Espírito Santo. Amém.

Perdão, perdão, Senhor, por tantas vezes que não coloquei a Tua presença ilustre na minha vida. Perdão, por tantas vezes ter Te colocado de lado, por me esquecer da Tua presença. Me perdoa por me esquecer de Te colocar como prioridade na minha vida, na vida da minha família, na minha casa. Sim, Senhor, eu quero pedir que renoves a minha vida, que renoves a minha história, que renoves a minha alma, que renoves a minha família. Senhor, preciso e quero a Tua graça na minha vida, a Tua misericórdia, a Tua paz.

Eu preciso disso. Eu entendo que o Senhor és minha prioridade e sei que sem o Senhor não terei paz, não andarei com tranquilidade. Com o Senhor acima de tudo, Te peço: fortalece o meu negócio, me ajuda no trabalho, traz paz para minha casa, purifica meu coração, acompanha e guarda a todos que amo. Me fortalece, Senhor, em todos os instantes de minha vida.

Em nome do Pai, do Filho e do Espírito Santo. Amém.

7. Qual é a sua prisão?

REFLEXÃO

Jesus Cristo nos quer livres. Mas será que somos livres mesmo? Você se sente livre? Ou sente que algo te prende? Talvez a amargura? Talvez um trauma em sua vida? O vício faz de você um prisioneiro? É nisso que vamos pensar a partir de agora.

A Bíblia tem um texto magnífico sobre o nosso tema, em Atos (5,17-26):

> Levantaram-se o sumo sacerdote e todos os do seu partido — isto é, o partido dos saduceus — cheios de raiva e mandaram prender os apóstolos e lançá-los na cadeia pública. Porém, durante a noite, o anjo do Senhor abriu as portas da prisão e os fez sair, dizendo: "Ide falar ao povo, no templo, sobre tudo o que se refere a este modo de viver". Eles obedeceram e, ao amanhecer, entraram no templo e começaram a ensinar. O sumo sacerdote chegou com os seus partidários e convocou o Sinédrio e o conselho formado pelas pessoas importantes do povo de Israel. Então mandaram buscar os apóstolos na prisão.
> Mas, ao chegarem à prisão, os servos não os encontraram e voltaram, dizendo: "Encontramos a prisão fechada, com toda segurança, e os guardas estavam a postos na frente da porta. Mas, quando abrimos a porta, não encontramos ninguém lá

dentro". Ao ouvirem essa notícia, o chefe da guarda do templo e os sumos sacerdotes não sabiam o que pensar e perguntavam-se o que poderia ter acontecido. Chegou alguém que lhes disse: "Os homens que vós colocastes na prisão estão no templo ensinando o povo!". Então o chefe da guarda do templo saiu com os guardas e trouxe os apóstolos, mas sem violência, porque eles tinham medo de que o povo os atacasse com pedras.

Notem que passagem impressionante! Essa é mais uma das inúmeras provas de que o que é impossível para os homens, para Deus é possível. Ou seja: é possível para aquele que verdadeiramente segue Deus. Aquele que segue o Senhor não fica preso, pois Deus nos criou para sermos livres.

Portanto, é inadmissível que um cristão viva preso no seu egoísmo, aprisionado a sua insatisfação, preso à tristeza. Deus nos quer felizes, foi para sermos livres que Cristo morreu por nós.

A passagem acima fala de uma prisão física, entre quatro paredes, com guardas nas portas. Mas você já parou para analisar que pode estar vivendo a prisão de uma vida de amargura, de tristeza, de insatisfação, de frustração, de egoísmo? Quantos de nós somos prisioneiros do vício da bebida, do cigarro e de outras drogas? Quantos de nós estamos presos à maldade, maltratando o outro através da fofoca, da discussão, da intriga?

Tem gente que está preso ao celular, já percebeu? Fica o tempo todo nas redes sociais, respondendo e lendo mensagens, seguindo a vida dos outros. É tão grave que já deixamos esse aparelho na cabeceira da cama, dormimos com ele ao nosso lado. Quando acordamos, a primeira coisa que fazemos é olhar se alguém mandou mensagem, se tem uma ligação perdida, se alguém postou uma foto...

Eu vou dizer algo muito pessoal aqui: tenho saudade da época do Seminário! Sabe por quê? Quando nós acordávamos, tomávamos banho e a primeira coisa que a gente fazia era ir até a capela e rezar. Depois, a gente tomava café e, em seguida, seguíamos para a faculdade para estudar. Ou cada um ia fazer a sua obrigação. Esse aparelhinho não nos aprisionava! A vida era tão mais simples!

Hoje, as pessoas ficam brigando pelo WhatsApp, intriga dia e noite, notícia falsa, mentira no grupo da família... E depois vem reclamar de Deus? De Jesus? Que absurdo! Foi você quem trocou Deus pelo celular! E depois dizem que sou radical. Cristo foi radical! Com ele, sim era sim; não era não. Não tinha essa coisa de passar a mão na cabeça se estivesse errado. E endeusar um celular, colocar essa coisinha como o centro da sua vida, isso é errado!

Saia dessa um pouco e vá ler. Vá rezar. Vá estudar a Bíblia. Vá encontrar os amigos e desligue essa porcaria! Eu, quando saio com amigos e família, já combino: quem quiser ficar à mesa comigo, não fica com o celular. E não me convide para almoçar, para jantar se for para ficar fazendo papel de bobo, sentado com dez pessoas e cada uma com um celular, sem nem olhar na cara do outro.

A pior crise que existe é a afetiva. E a gente está mergulhado nela. Deus nos criou para olharmos um para o outro, para nos amarmos, para nos respeitarmos, para nos abraçarmos, é para isso que Deus nos criou. Não para vivermos em prisões.

A cada dia que conheço Jesus Cristo, mais eu o amo, respeito e admiro. Mais eu descubro que se eu não fosse padre, seria o homem mais infeliz do mundo. É tão bom quando você conhece a luz, é tão bom quando você tem consciência deste Evangelho, é tão bom quando eu tomo, em mim, a verdade de que "Deus amou tanto o mundo que deu o seu filho único, para que não morra como aquele que Nele crer, mas que tenha vida eterna".

De fato, Deus não enviou o Seu Filho para condenar o mundo, mas para salvar aquele que crê. Creia para se libertar. E entenda que com a liberdade vem a responsabilidade. Sejamos homens e mulheres corajosos para assumir até o fim aquilo que nos propusemos a viver.

Deus quer você, mas você não quer Deus, o problema é seu, assuma as consequências.

Oração

Em nome do Pai, do Filho e do Espírito Santo. Amém.

Deus de misericórdia, agradeço por receber tantas graças. Agradeço pela vida. Agradeço pela liberdade. Que minhas escolhas sejam sábias, que possam ir ao encontro do que o Senhor espera de mim. Me ajuda no caminho, para que minha liberdade jamais deixe alguém ferido. Para que minha liberdade faça bem a mim e aos meus próximos. Que minhas amarras sejam desatadas. Que eu consiga me libertar de tudo o que me aprisiona. Senhor, que eu seja salva(o) por Tua misericórdia e que eu possa ser mais justa(o), comigo e com os outros. Que eu não julgue e que os julgamentos alheios não me prendam.

Em nome do Pai, do Filho e do Espírito Santo. Amém.

8. Você confia em quem?

REFLEXÃO

*Vivemos dias de prova. É muita crise.
Crise moral, econômica, política,
de recursos naturais, epidemias...
Eu escuto pessoas dizendo que não dá para
confiar em ninguém. Nesse nosso encontro de hoje,
nas páginas deste livro, peço que você dê aquela
paradinha e pense: em quem você confia?
Faça uma lista mental. Depois disso, volte a ler.*

Na lista que acabou de pensar, tem muita gente? Quem está nela? Mãe? Pai? Melhor amigo? Irmão? E Deus? Lembrou-se de colocar Deus em sua lista? Vou contar aqui uma história linda, sobre Paulo. Ele foi preso por pregar sobre a ressureição. Mas Paulo tinha uma confiança tão grande em Jesus Cristo, em Deus, que ele era pura coragem. Ele não se deixou abater pela perseguição. Pelo contrário, por ter confiança, por crer no Senhor; Paulo jamais negou Jesus. Mesmo preso, ele continuou a afirmar e a declarar sua fé. Vamos ler mais um trecho de Atos (22,30; 23,6-11):

> Querendo saber com certeza por que Paulo estava sendo acusado pelos judeus, o tribuno soltou-o e mandou reunir os chefes dos sacerdotes e todo o conselho dos anciãos. Depois fez trazer Paulo e colocou-o diante deles.
> Sabendo que uma parte dos presentes eram saduceus e a outra parte eram fariseus, Paulo exclamou no conselho dos anciãos: "Irmãos, eu sou

fariseu e filho de fariseus. Estou sendo julgado por causa da nossa esperança na ressurreição dos mortos". Apenas falou isso, e armou-se um conflito entre fariseus e saduceus, e a assembleia se dividiu. Com efeito, os saduceus dizem que não há ressurreição, nem anjo, nem espírito, enquanto os fariseus sustentam uma coisa e outra. Houve, então, uma enorme gritaria. Alguns doutores da lei, do partido dos fariseus, levantaram-se e começaram a protestar, dizendo: "Não encontramos nenhum mal neste homem. E se um espírito ou anjo tivesse falado com ele?". E o conflito crescia cada vez mais. Receando que Paulo fosse despedaçado por eles, o comandante ordenou que os soldados descessem e o tirassem do meio deles, levando-o de novo para o quartel. Na noite seguinte, o Senhor aproximou-se de Paulo e lhe disse: "Tem confiança. Assim como tu deste testemunho de mim em Jerusalém, é preciso que sejas também minha testemunha em Roma".

Toda vez que leio esse texto — e olha que já o li e o estudei de incontáveis maneiras — eu me emociono. Imagine que em um dos momentos mais difíceis de sua vida, depois de sua prisão, o Senhor aproximou-se de Paulo e pediu que ele tivesse confiança. Confiança. A Palavra de Deus para mim e para você nada mais é que esta: confiança. É preciso acreditar e confiar em Jesus Cristo, em Deus. E não digo apenas nos momentos de calmaria. Temos que confiar, que provar nosso total respeito, nas situações mais difíceis. Falar em confiança quando está tudo bem é fácil. Mas eu quero ver se você é cristão de verdade, se você é cristã para valer, se você acredita em Jesus Cristo quando vierem as provações. E é isso o que eu tenho para dizer para você aqui, neste ponto do livro. Problemas, todos nós temos e sempre vamos ter. A diferença é justamente a forma de superá-los. Conhecer Jesus Cristo, confiar no Senhor, vai te fazer uma pessoa diferente. Ainda que venham noites traiçoeiras, ainda que a cruz seja pesada, ainda que venham as perseguições, nós somos pedras preciosas de Deus, nós somos joias raras de Deus. E Deus é muito maior do que as nossas provações, do que as nossas dificuldades.

Sabe o que eu faço quando coisas ruins acontecem? Como confio em Deus, não dou muita audiência para o mal. Vou dar ibope para o coisa-ruim? Eu vou é pensar diferente: vou olhar as coisas boas e colocar Jesus Cristo na frente e dizer, de boca cheia: "Eu confio no Senhor". E tudo passa, minha irmã, meu irmão. Só não pode passar a confiança que temos no Senhor.

Oração

Em nome do Pai, do Filho e do Espírito Santo. Amém.

Com a autoridade de Jesus Cristo, eu te expulso da minha vida, Satanás. Eu te expulso do meu trabalho, da minha casa, da minha família. E digo agora, em nome de Jesus Cristo, pelo preciosíssimo sangue, vai embora, sai da minha frente, sai do meu caminho com tudo o que há de ruim. Eu tenho certeza de que já venci essa batalha. E sabe por quê? Porque eu confio plenamente em Jesus. Confio plenamente em Deus. Em todo o momento, por todo o meu caminho, Jesus está na minha frente. É Ele quem me defende, é Ele quem me dá força. É Ele quem me ampara quando necessito. Pois sei que jamais, em tempo algum, Ele vai me abandonar. Por confiar plenamente no Senhor, em Deus, meu Pai, eu vencerei. E jamais negarei Teu nome, Senhor.

Em nome do Pai, do Filho e do Espírito Santo. Amém.

9. Você quer ser curado?

Reflexão

Quero destacar uma fortíssima passagem do Evangelho de Lucas (6,17-19):

> Então desceu Jesus com os apóstolos e parou num lugar plano. Estavam ali reunidos muitos dos seus discípulos, e uma enorme multidão vinda de toda a Judeia, de Jerusalém e do litoral de Tiro e da Sidônia, pessoas que vieram para serem ensinadas por Ele e curadas de suas doenças. Aqueles que eram atormentados por espíritos maus foram curados e cada pessoa da multidão procurava tocar nele, pois dele emanava poder que curava a todos.

Observe que as pessoas que foram ao encontro de Jesus Cristo estavam em busca de três coisas: primeiro, para ouvi-Lo; depois, para serem curadas; e, por fim, aqueles que estavam atormentados por espíritos maus também buscavam ser libertos. O que isso diz para você?

Antes de ler as próximas linhas, tire um tempinho para você. Reflita e me responda. O que você aprendeu do que contei na página anterior? Essa linda passagem de Jesus pode ser importante, hoje, em nossa vida? Vamos além: como isso pode te ajudar em seu caminho?

É muito simples: não podemos deixar de escutar Jesus. Sem escutá-Lo, não seremos libertos, não seremos curados por Ele. Chego a me arrepiar quando leio essa passagem da multidão que queria tocar em Jesus, pois Dele emanava uma força de cura. Mas sabe por que a força que saía de Jesus curava todos? Porque aquela multidão tinha um objetivo: todos ali queriam ouvir Jesus, todos ali queriam ser curados por Jesus, todos ali queriam ser libertos por Jesus. Ou seja, todos estavam abertos para Jesus Cristo!

Hoje em dia, tantos livros motivacionais repetem que é preciso querer, que "querer é poder". Mas Santo Agostinho já nos dizia: se você deseja, se você quer, de certa forma você já possui. Ou seja, temos que querer ser tocados por Jesus. Temos que acreditar, ter fé, viver essa fé verdadeiramente.

Quando falamos de cura, falamos de tantas coisas... Cura de doenças, de dores físicas, de traumas, cura espiritual, cura do jeito como você leva a vida... Quantas vezes você ou alguém que você conhece fica reclamando, remoendo, falando de infelicidades, jogando más palavras por aí, entristecendo-se e entristecendo todos à sua volta? Pense nisso. Você gosta desse tipo de pessoa ao seu redor? Não, meu irmão, minha irmã! Então, por que você vai ser justamente o tipo de pessoa que você não gosta de ter por perto?

Ninguém gosta de conviver com gente chata, mal-humorada, maldosa, ignorante, mesquinha, sem sabedoria nem maturidade. O ressentimento, o mau humor, a mesquinharia nos levam para baixo e arrastam nossos próximos para essa vibração de lamúria.

Agora, pense bem, bom mesmo é conviver com pessoas que conhecem Jesus Cristo, ser amigo de quem é amigo de Jesus Cristo, pois quem é amigo de Jesus resplandece Jesus no olhar, no abraço, no carinho, no aperto de mão, na presença, nas palavras, no amor fraterno e verdadeiro. Estamos precisando disso na nossa família, na igreja, no trabalho e no mundo. Precisamos amar. Seja essa pessoa! Seja o amigo de Jesus! Abra-se para Jesus, cure-se e leve o seu melhor para o mundo.

Quer ser curado e liberto?

Reze comigo, agora.

Oração

Em nome do Pai, do Filho e do Espírito Santo. Amém.

Jesus, eu Te entrego a minha vida, minha família e tudo que eu sou.

Entrego em Tuas mãos a vida de cada um dos meus próximos e clamo, Senhor, por Teu poder sobre eles. Senhor, cura de todas as doenças físicas e espirituais, liberta-os de toda a maldição, de todo o atraso de vida e quebra todas as correntes malignas na minha vida e na vida de minha família.

Senhor, eu quero, eu preciso, eu necessito dessa graça, desse milagre, dessa cura, dessa libertação. O Senhor me conheces desde que eu me levanto até quando me deito e Tu sabes de tudo que eu preciso.

Peço-Te agora, Senhor, que realizes em mim a graça de poder levar o Teu amor, a Tua bondade, a Tua misericórdia, a Tua cura, a Tua libertação para toda a minha família, para todos os que eu conheço e para aqueles que cruzarem o meu caminho. Em nome de Jesus Cristo eu profetizo, hoje e sempre, a minha bênção, a minha cura, o meu milagre, a minha libertação e a minha paz.

Em nome do Pai, do Filho e do Espírito Santo. Amém.

10. Você é o que você tem?

Reflexão

Conte-me, sinceramente: a qual bem material você tem mais apego? É aquele carrinho na garagem, que você fica lavando e polindo todo final de semana, que não deixa ninguém encostar nele e briga se o filho sujou o banco com sorvete? É a casa, que batalhou anos para comprar? É aquela roupa nova, de grife, chique, que você viu na revista e parcelou em dez vezes, mas que agora é sua? Ah, é aquele último modelo de celular com tantas câmeras e sei lá quantos megapixels, e que até fala com você?

Já parou para pensar que é preciso nos conscientizarmos de que tudo é do Pai, tudo é de Deus, tudo passa? Claro que é bom a gente viver com conforto, debaixo de um teto. Ninguém disse que não. Quero chegar aqui a um questionamento maior: não somos donos de nada. Quando a gente entende isso, nossa vida começa a ter outro sentido!

Quando falo de apego, eu me coloco nessa. Sou tão humano quanto você. E temos que pensar em quantos de nós somos apegados a coisas tão banais, quantos de nós somos apegados a coisas tão pequenas, tão sem sentido... O carro leva você para lá e para cá. E só. Deus nos livre se um maluco vira a esquina, na contramão, a cem quilômetros por hora, e pronto. Acabou o carro. E ainda corremos o risco de perder a vida.

Sua casa está linda, com estante nova, daquelas caras, de madeira de verdade, que a gente compra parcelado. Mas deixe de pagar uma prestação da casa ou o IPTU, você perde a casa e não adianta falar que a estante é de madeira nobre.

Já vi gente que não usava o conjunto de panelas de aço inox para não riscá-las. Porque são caras. Mas do que adianta as panelas na caixa? Qual a serventia delas? Para que você comprou as panelas? Para usar de espelho e por isso não podem riscar?

E quando compra um celular novo, corre para colocar capinha, película... claro, pagou quase o preço de um computador ou mais! Mas, daí, vive com medo. Não pode perder, pode ser roubado, o aparelho pode cair e quebrar... Vive em torno daquele negocinho!

Querida, querido... um carro, uma casa, um celular, todas as coisas materiais não vão fazer de você uma pessoa melhor. Parou para refletir sobre isso? Vamos pensar: morri amanhã, *cataplof*, acabou tudo. E aí? O seu celular de última geração vai garantir seu lugar no céu? Não vai. E o que ficou na terra, que você acumulou, vai acabar na mão de outras pessoas. Imagine se o seu celular novinho vai para aquela prima que só falava mal de você?

Vou além: se você está cheio de preocupação de se vão riscar a pintura do carro, que o celular vai cair e quebrar, que a casa tem que estar impecável... em vez de as coisas te servirem, servirem para o propósito de facilitar a sua vida, elas viraram dificultadores! Vou te dizer, claramente: você virou escravo das suas coisas. E está perdendo seu tempo.

Um tempo atrás, uma reflexão me pegou fortemente: uma personalidade faleceu e li muitas coisas sobre essa pessoa. De sua importância, do tanto que fez de sucesso e dinheiro, da fama que teve, dos títulos que conquistou... Depois, vi uma cena de seu funeral e algumas poucas pessoas ao redor do caixão. Onde estavam, naquela hora, todo o sucesso e os títulos?

São pensamentos, são provocações que estou jogando para que você, que está aqui comigo nesta leitura, possa chegar a suas próprias conclusões. Tem gente que adora mais o carro na garagem do que a Deus. Isso está certo? Pense bem. Hoje, o que tem de família que briga por dinheiro, por herança. As pessoas estão despedaçadas por causa de um bem material, por causa da divisão. Minha cara, meu caro, você vai viver vinte anos infelizes da sua vida sem falar com a sua irmã ou seu irmão porque houve uma briga depois da morte do seu pai, da sua mãe, e ela(e) ficou com a casa que tinha uma janela a mais que aquela que ficou para você? Vocês percebem o quanto isso tudo é ridículo? Em vez de nos trazer conforto, as coisas estão nos roubando a paz. E, sem paz, sem Jesus em primeiro plano, a gente não é nada.

Termino esta reflexão com um trecho do Salmo 49: "Morrem os sábios e os ricos igualmente; morrem os loucos e também os insensatos e deixam tudo o que possuem aos estranhos".

Agora, reflita novamente: você é o que você tem?

Oração

Em nome do Pai, do Filho e do Espírito Santo. Amém.

Senhor, meu Rei, coloca a mão no meu coração, me ajuda a ter uma vida digna, confortável e boa. Mas que eu jamais perca os reais valores do que importa. Que nada, nunca, me falte. Mas que eu compreenda sempre que o maior conforto, que o que realmente importa é a mão de Deus em meu caminho. Que a prosperidade em minha vida também sirva para a caridade, para o bem, para o afeto; jamais para destruir minha paz ou a de quem quer que seja. Senhor, vem destruir tudo o que não presta em minha vida e tudo aquilo que atrapalha o meu caminho. Com o Senhor, eu tenho tudo o que necessito.

Em nome do Pai, do Filho e do Espírito Santo. Amém.

11. O que pensam de mim?

Reflexão

Quantas e quantas vezes deixamos de fazer algo — ou fazemos algo que nem queríamos — por aparência? Quantas vezes você deixou de usar sua roupa preferida, aquela bem confortável, para ir até a padaria por receio de se pensariam mal de você? Quantas vezes deu esmola quando estava em um lugar cheio de gente, mas virou as costas para aquele parente que passava por necessidade, já que ninguém iria saber mesmo?

A minha sábia avó me ensinou que a gente tem que fazer o bem sem reparar a quem. É um ditado antigo, mas que vai ao encontro de uma passagem tão necessária da Bíblia, do Evangelho de Mateus (6,1-6.16-18), quando Jesus disse a seus discípulos:

> Ficai atentos para não praticar a vossa justiça na frente dos homens só para serdes vistos por eles. Caso contrário, não recebereis a recompensa do vosso Pai que está nos céus. Por isso, quando deres esmola, não toques a trombeta diante de ti, como fazem os hipócritas nas sinagogas e nas ruas, para serem elogiados pelos homens. Em verdade vos digo, eles já receberam a sua recompensa. Ao contrário, quando deres esmola, que a tua mão esquerda não saiba o que faz a tua mão direita, de modo que a tua esmola fique oculta. E o teu Pai, que vê o que está oculto, te dará a recompensa. Quando orardes, não sejais como os hipócritas, que gostam de rezar em pé, nas sinagogas e nas esquinas das praças, para

serem vistos pelos homens. Em verdade vos digo, eles já receberam a sua recompensa. Ao contrário, quando tu orares, entra no teu quarto, fecha a porta e reza ao teu Pai que está oculto. E o teu Pai, que vê o que está escondido, te dará a recompensa.

Quando jejuardes, não fiqueis com o rosto triste como os hipócritas. Eles desfiguram o rosto, para que os homens vejam que estão jejuando. Em verdade vos digo, eles já receberam a sua recompensa. Tu, porém, quando jejuares, perfuma a cabeça e lava o rosto, para que os homens não vejam que tu estás jejuando, mas somente teu Pai, que está oculto. E o teu Pai, que vê o que está escondido, te dará a recompensa.

Trocando em miúdos: não adianta nada fazer coisas boas só na frente dos outros para aparecer, só para mostrar o que fez. Se não for de coração, se não tiver Jesus no coração, não vai receber a herança do nosso Pai.

Quantas vezes pessoas que você conhece — ou até mesmo você — quando fazem o bem, ficam gritando aos quatro cantos o que fizeram só para mostrar para os outros? Sabe qual o nome disso? Hipocrisia. São aquelas pessoas que vivem de aparência, que colocam uma roupa bonita só para ir até a padaria para que ninguém "pense mal" delas.

Tem gente que vive só de aparência e se esquece de viver a vida de verdade. Conheço quem vai à Igreja, ajoelha-se, sai beijando um santo atrás do outro... E depois faz tudo ao contrário! Faz tudo errado, nega a verdade de Deus e de Jesus. Já vi gente que acabou de beijar um santo e saiu reparando e criticando o modo como o outro estava vestido. Você vai até a missa só para ver quem está com carro novo ou velho? Quem foi e quem faltou? Era melhor ter ficado em casa! Cuide da sua vida! E deixe a vida do outro em paz. Cuide da sua salvação, e deixe a salvação do outro para ele!

Não se preocupe com o que vão pensar de você. Você tem é que agradar a Deus e somente a ele.

Sabe que, no Seminário, eu vivia de shorts, sem camisa, vestido de qualquer jeito. Uma vez, vieram me criticar por isso. Disseram algo do tipo: "O que as pessoas vão pensar?"; "Você não está parecendo um homem sério". Veja que bobagem! Como se minhas vestes fossem me definir!

Se o coração não está limpo, não adianta nada ser bonita(o) por fora. Não adianta, a nossa vida deve ser autêntica, coerente, para você e para Deus. Os outros? Nem se importe. Somente Ele pode julgar.

Oração

Em nome do Pai, do Filho e do Espírito Santo. Amém.

Deus, nosso Senhor, peço humildemente que intercedas por mim. Por meus pecados, por tantas vezes que me importei apenas com a aparência. Perdão por todas as vezes que fiz qualquer ato somente para aparecer. Perdão por pensar primeiro no que os outros iriam achar de mim e, assim, me esquecer do principal: o Senhor.

Perdão por julgar o outro. Perdão por julgar a vida, a forma física, a roupa, o carro, a casa de meu próximo. Não sou ninguém para julgar e não gostaria de ser julgado.

Me ajuda a caminhar ao Teu lado, em retidão e respeito. E que eu tenha claro, todo o tempo, que só preciso agradar ao Senhor.

Em nome do Pai, do Filho e do Espírito Santo. Amém.

12. Você já traiu? Já foi traído?

REFLEXÃO

Quando falamos em traição, quase sempre pensamos em traição amorosa. Claro que essa é uma das mais doloridas. Mas também existe a traição de confiança entre amigos, entre parentes e nas relações de trabalho. Há a traição da fofoca... Pensando nisso tudo, você já traiu? Já foi traído?

Este é um tema muito espinhoso. Difícil. Traição é algo forte. Afinal, só trai ou é traído quem ganha a confiança de alguém ou quem confia em alguém. E confiança é algo muito forte. E, sejamos claros, ninguém aqui é santo: todo mundo já traiu e foi traído alguma vez na vida.

Como você sentiu a dor da traição? Você já contou algo para um grande amigo, pois acreditava piamente que ele jamais sairia fofocando de você para os outros, e foi exatamente o que ele fez? Já foi traído por um grande amor? Seja no namoro, no casamento? Um irmão ou um parente próximo te apunhalou pelas costas por dinheiro?

E quanto a você? Que tipo de traição já cometeu? Já deu sua palavra e não cumpriu? Já teve algum caso mesmo estando com alguém? Já jurou mentiras?

Eu sei, minha irmã, meu irmão, que a traição ronda nossa cabeça o tempo todo. A culpa, o remorso, o ressentimento, o rancor... e tudo isso pode acabar com a vida de alguém.

Existe um evangelho fortíssimo que trata de uma passagem na vida de Jesus Cristo e que fala justamente sobre traição. Imagine você que até Jesus foi traído. As mesmas pessoas que gritaram "Viva o nosso rei Jesus!" no Domingo de Ramos, na Sexta-feira da Paixão gritaram "Que seja crucificado!". Leia atentamente o Evangelho de Mateus (27,11-54):

> Jesus foi posto diante de Pôncio Pilatos, e este o interrogou: "És tu o rei dos judeus?". Jesus declarou: "É como dizes". E nada respondeu, quando foi acusado pelos sumos sacerdotes e anciãos. Então Pilatos perguntou: "Não estás ouvindo de quanta coisa eles te acusam?". Mas Jesus não respondeu uma só palavra, e o governador ficou muito impressionado. Na festa da Páscoa, o governador costumava soltar o prisioneiro que a multidão quisesse. Naquela ocasião, tinham um prisioneiro famoso, chamado Barrabás. Então Pilatos perguntou à multidão reunida: "Quem vós quereis que eu solte: Barrabás ou Jesus, a quem chamam de Cristo?". Pilatos bem sabia que eles haviam entregado Jesus por inveja. Enquanto Pilatos estava sentado no tribunal, sua mulher mandou dizer a ele: "Não te envolvas com esse justo! Porque esta noite, em sonho, sofri muito por causa dele".
> Porém os sumos sacerdotes e os anciãos convenceram as multidões para que pedissem Barrabás e que fizessem Jesus morrer. O governador tornou a perguntar: "Qual dos dois quereis que eu solte?". Eles gritaram: "Barrabás". Pilatos perguntou: "Que farei com Jesus, que chamam de Cristo?". Todos gritaram: "Que seja crucificado!". Pilatos falou:

"Mas que mal ele fez?". Eles, porém, gritaram com mais força: "Seja crucificado!". Pilatos viu que nada conseguia e que poderia haver uma revolta. Então mandou trazer água, lavou as mãos diante da multidão e disse: "Eu não sou responsável pelo sangue deste homem. Este é um problema vosso!". O povo todo respondeu: "Que o sangue dele caia sobre nós e sobre os nossos filhos". Então Pilatos soltou Barrabás, mandou flagelar Jesus e entregou-o para ser crucificado.

Em seguida, os soldados de Pilatos levaram Jesus ao palácio do governador e reuniram toda a tropa em volta dele. Tiraram sua roupa e o vestiram com um manto vermelho; depois teceram uma coroa de espinhos, puseram a coroa em sua cabeça e uma vara em sua mão direita. Então se ajoelharam diante de Jesus e zombaram, dizendo: "Salve, rei dos judeus!". Cuspiram nele e, pegando uma vara, bateram na sua cabeça. Depois de zombar dele, tiraram-lhe o manto vermelho e, de novo, o vestiram com suas próprias roupas. Daí o levaram para crucificar.

Ao saírem, encontraram um homem chamado Simão, da cidade de Cirene, e o obrigaram a carregar a cruz de Jesus. E chegaram a um lugar chamado Gólgota, que significa "lugar da caveira". Ali deram vinho misturado com fel para Jesus beber. Ele provou, mas não quis beber. Depois de o crucificarem, fizeram um sorteio, repartindo entre si as suas vestes. E ficaram ali sentados, montando guarda.

Acima da cabeça de Jesus puseram o motivo da sua condenação: "Este é Jesus, o rei dos judeus". Com ele também crucificaram dois ladrões, um à direita e outro à esquerda de Jesus. As pessoas que passavam por ali o insultavam, balançando a cabeça e dizendo: "Tu que ias destruir o templo e construí-lo de novo em três dias, salva-te a ti mesmo! Se és o Filho de Deus, desce da cruz!".

Do mesmo modo, os sumos sacerdotes, junto com os mestres da lei e os anciãos, também zombavam de Jesus: "A outros salvou... a si mesmo não pode salvar! É rei de Israel... Desça agora da cruz! E acreditaremos nele. Confiou em Deus; que o livre agora, se é que Deus o ama! Já que ele disse: Eu sou o Filho de Deus". Do mesmo modo, também os dois ladrões, que foram crucificados com Jesus, o insultavam. Desde o meio-dia até as três horas da tarde, houve escuridão sobre toda a terra. Pelas três horas da tarde, Jesus deu um forte grito: "Êli Êli lema sabakhthani?". Que significa: "Meu Deus, meu Deus, por que me abandonaste?". Alguns dos que ali estavam, ouvindo-o, disseram: "Ele está chamando Elias!". E logo um deles, correndo, pegou uma esponja, ensopou-a em vinagre, colocou-a na ponta de uma vara e lhe deu para beber. Outros, porém, disseram: "Deixa, vamos ver se Elias vem salvá-lo!". Então Jesus deu outra vez um forte grito e entregou o espírito.

E eis que a cortina do santuário rasgou-se de alto a baixo, em duas partes, a terra tremeu e as pedras se partiram. Os túmulos se abriram e muitos corpos dos santos falecidos ressuscitaram! Saindo dos túmulos, depois da ressurreição de Jesus, apareceram na cidade santa e foram vistos por muitas pessoas. O oficial e os soldados que estavam com ele guardando Jesus, ao notarem o terremoto e tudo que havia acontecido, ficaram com muito medo e disseram: "Ele era mesmo Filho de Deus!".

Eu me emociono a cada vez que penso nessa passagem... Se Jesus foi traído, imagine a gente? E como machuca quando seu amigo te trai. Como machuca ser traído por seu patrão, por seu funcionário, por seu irmão, por seu namorado ou sua namorada, por seu marido ou sua mulher, por seu filho, por seu pai ou por sua mãe. Pior ainda é ser traído por alguém que come na mesma mesa com você. Essa foi a experiência de Jesus com Judas. Jesus já sabia que seria traído por ele e eu te digo, minha irmã e meu irmão, que mais do que as dores da flagelação, mais do que as dores dos espinhos, mais do que as dores da perseguição, eu penso que a maior dor de Jesus foi a de ter sido traído.

Agora, deixo outra reflexão. Por que traímos se sabemos a dor da traição? Por que fazemos com o próximo aquilo que não queremos para nós? Pense em alguém que magoou e analise: "O que eu posso fazer para melhorar a situação?". Já pediu desculpas? Já procurou essa pessoa para saber como pode ajudá-la?

Oração

Em nome do Pai, do Filho e do Espírito Santo. Amém.

Jesus Cristo, nosso Senhor, me liberta desse sentimento de traição que colocaram em mim, impedindo-me de ser feliz. Meu Senhor e meu Deus, maravilhoso e eterno pai, eu oro a Jesus por mim e por todos aqueles que estão caídos, abandonados pelos companheiros, pelos que foram humilhados e pisoteados. Meu Senhor, tira do meu coração todos esses sentimentos ruins — que me atrasam. Tira de mim o ressentimento e o rancor. Me ajuda a superar o trauma dessa traição [pense por um momento no que está vivendo]. Por Tua misericórdia, perdoa-me de meus erros. Eu também traí [reflita por um momento sobre isso]. Eu peço que ajudes a todos aqueles que confiaram em mim e eu não fui digno dessa confiança.

Em nome do Pai, do Filho e do Espírito Santo. Amém.

13. Você está pronto para a sua vitória?

REFLEXÃO

Minha irmã, meu irmão. Vamos tratar agora de um tema muito importante: a vitória. Todos querem a vitória, certo? Você quer, eu quero, todos queremos. Antes, vamos ver — brevemente — o que os dicionários nos dizem sobre a palavra "vitória": "ato ou efeito de sair-se vencedor, de triunfar. Êxito, triunfo, sucesso". Ou seja, no significado da própria palavra entendemos que não existe êxito sem que a gente lute por ele! A reflexão de hoje é: você está preparado para a sua luta? Ou só está esperando que a vitória chegue sem que tenha de fazer nada para isso?

É preciso entender, antes de mais nada, que o sucesso é uma consequência. Seja na vida pessoal, no trabalho, em alguma causa pela qual batalhamos, o êxito vem de muita luta! Então, o que é estar pronto para a vitória? É entender que teremos de batalhar por ela!

Precisamos tomar atitudes de mulheres e de homens corajosos, que abraçam a causa e vão até o fim. Jesus nos ensina a não fugir dos problemas, mas a abraçá-los e resolvê-los. Ou seja, é necessário que você assuma com responsabilidade as cruzes da sua vida. Já parou para pensar sobre isso? Você está arrastando a sua cruz com lamúrias e preguiça? Ou está levantando essa cruz e tentando resolver os problemas com coragem?

Já que estou usando a figura da cruz, vou fazer uma confissão para você, aqui entre nós: eu não entendia, no início, isso de a Igreja exaltar a cruz. Até então, na minha ignorância, a cruz me marcava muito mais como sinal de dor e de sofrimento do que de qualquer outra coisa. Mas Deus é muito maior e a Igreja contempla a morte de Jesus não só como sofrimento, mas como salvação. Salvação para todos nós, já que a crucificação e a morte de Jesus são provas do amor infinito de Deus para conosco: "Deus amou tanto o mundo que deu o seu Filho unigênito" (João 3,16).

Então, vamos pensar na passagem de Jesus por este mundo: ele defendeu pobres, alimentou quem tinha fome, ensinou tanta coisa especial para todos, denunciou injustiças mundanas e ainda foi traído, condenado injustamente à morte! Entretanto, ele não ficou morto, mas ressuscitou no terceiro dia. E o que isso significa? Que Jesus venceu a morte. A dor virou a alegria da ressurreição.

Portanto, Jesus carregou sua cruz, passou por todo tipo de sofrimento e venceu! Ultrapassou as provas mais horríveis, as dores mais humilhantes e obteve a vitória!

Hoje, exalto a cruz não como um símbolo do sofrimento ou da derrota, mas como um símbolo da vitória. É assim que precisamos enxergar a cruz de Jesus. Ser cristão é ser de Cristo. E ser de Cristo é ser da cruz, é passar pela cruz, mas não permanecer com ela! É acreditar em Jesus, em Deus, caminhando para a vitória. E, agora que falamos sobre tudo isso, quero que reflita novamente: você está pronto para a sua vitória?

Oração

Em nome do Pai, do Filho e do Espírito Santo. Amém.

Deus, me dá força. Me dá força para seguir o caminho. Que, mesmo entre espinhos, eu saiba olhar para o azul do céu, pois este é meu objetivo. Quero andar em retidão ao que o Senhor quer para a minha vida, meu Deus, que tanto nos ama e que destes Teu filho, Jesus Cristo, para o mundo. Eu sei que o Senhor preparaste tantas coisas para mim e que, muitas vezes, por dificuldades da vida, acabo me entregando a lamúrias e não honro Teu nome e Teu caminho. Me ajuda a enxergar, me ergue contra o pecado, pois eu aceito Tua vontade.

Em nome do Pai, do Filho e do Espírito Santo. Amém.

14. Você está na solidão?

Reflexão

Um grande amigo, um dia, me disse: "Padre, eu preciso que Deus coloque alguém no meu caminho, na minha vida, porque não é fácil viver na solidão". E ele não foi o primeiro e — certamente — não será o último a reclamar de uma vida solitária. Mas o que é a solidão? O que te faz se sentir sozinha(o)? Vamos pensar um pouco sobre isso?

Eu já disse neste livro e vou repetir quantas vezes forem necessárias: aprendemos com Jesus Cristo que devemos ser felizes e alegres. A Palavra diz:

> Alegrai-vos sempre no Senhor! Repito: alegrai-vos! Que a vossa bondade seja conhecida de todos os homens! O Senhor está próximo! Não vos inquieteis com coisa alguma, mas apresentai as vossas necessidades a Deus, em orações e súplicas, acompanhadas de ação de graças. E a paz de Deus, que ultrapassa todo o entendimento, guardará os vossos corações e pensamento em Cristo Jesus. (Filipenses 4,4-7)

Vou repetir uma frase, para deixar bem destacado: "Alegrai-vos sempre no Senhor!". É impressionante como Jesus Cristo toca no nosso coração através de momentos tão simples, tão alegres, tão leves. É aí que ele toca na nossa alma e mostra, a cada um de nós, que Deus não é da tristeza, da angústia, da depressão, da discórdia, da solidão, mas sim o Deus da abundância e da plenitude!

Mas, infelizmente, um dos maiores problemas do ser humano é a ingratidão. Ora, como somos ingratos! O que nós queremos afinal? Percebe como, no geral, nada está bom? É uma insatisfação constante: se está solteira(o), está ruim, reclama da solidão; se está casada(o), também está ruim, reclama de quem está ao seu lado. Afinal de contas, o que te satisfaz, minha irmã, meu irmão?

Você está com aquele armário cheio de roupas. Mas vive dizendo que não tem roupa para isso, não tem roupa para aquilo... Quem não tem roupa é aquele cara que está passando fome, pedindo algo de comer na rua! E você vira a cara e não faz uma caridade. Não dá um prato de comida. Mas vai ao shopping comprar roupas novas?

Você tem o celular X. Se lançam o Y, já corre para a loja, pois o seu já não serve mais. E o que o outro aparelho faz de tão diferente do seu? Já parou para pensar? Nunca estamos satisfeitos! Nunca está bom! E, não, minha irmã e meu irmão, nunca teremos dinheiro para comprarmos tudo, porque a felicidade não tem preço. A felicidade verdadeira está em Deus.

Não adianta reclamar que está sozinha(o) se não reza, não faz uma caridade, não eleva os pensamentos para Deus! Só iremos encontrar o verdadeiro amor, a serenidade total, em Deus. Só encontraremos a paz total nos entregando a Deus. Tem gente que vive em festas e eventos cheios de gente e ainda assim se sente só.

E você? Está se sentindo sozinha(o)? Já pensou naqueles senhores e senhoras que estão abandonados em asilos, sem receber visitas ou sem família? Já pensou em passar um dia todo com eles, conversando, ouvindo histórias, oferecendo a sua companhia? Já fez algum trabalho comunitário, foi levar sopa e cobertores aos necessitados em uma madrugada fria?

Se fizer isso, você estará com Deus, certamente. E sabe o que acontece quando estamos com Deus? A gente para de pensar besteira. Ficamos tão felizes, tão realizados, tão cheios de alegria que nunca estamos sozinhos. E, se estamos bem e felizes, atraímos mais amigos e, quem sabe, aquele amor para ver um filminho na TV debaixo da coberta? Se tiver uma pipoca, melhor ainda!

Deseje aos outros o que você deseja a você. Faça aos outros o que espera que façam a você. E reclame menos. Se ficar reclamando, só quem vai querer ficar perto de você é o diabo. É isso que você quer? Aí, sim, você vai ver o que é ser solitário!

Abra-se para o Divino. Espelhe-se em Jesus Cristo.

Oração

Em nome do Pai, do Filho e do Espírito Santo. Amém.

Deus, antes de ser companheira(o) de alguém, antes de ter um(a) companheiro(a), eu tenho o Senhor na minha vida. Solidão nenhuma se abate sobre mim, pois o Senhor estás comigo. Eu divido os bons sentimentos, minha alegria e a minha esperança. Pois só assim eu terei paz e poderei ser uma boa amiga ou um bom amigo. Uma boa companheira ou um bom companheiro. Pois com o Senhor, jamais estou sozinha(o).

Em nome do Pai, do Filho e do Espírito Santo. Amém.

15. O seu amor é de verdade?

Reflexão

No texto anterior, falamos de solidão. Pois bem, agora, quero refletir sobre o que realmente preenche nossa vida e nossos relacionamentos mais importantes: o amor. Sem amor, nossa vida é um nada. Sem amor, um relacionamento se sustenta? E quando falo em relacionamento, pode ser namoro, casamento, familiar, amizade...
Afinal de contas, o que é o amor?

Sabe qual a diferença entre Jesus e as outras pessoas? Ele amava! Amava de verdade! Amava, não, ama! Jesus me ama e ama você. Ou seja: você é muito importante.

Então, se Jesus te ama, temos que pensar bem no que significa dizer isso para uma pessoa. Frequentemente dizemos: "Eu te amo". No entanto, você fala de coração? Você entende que essa frase traz em si um significado muito profundo? É como dizer: "Estou totalmente disposta(o) a estar com você em todos os momentos de sua vida. Esteja bem ou mal. Esteja saudável ou doente".

Então, pense bem, dizer "eu te amo" é uma grande responsabilidade. Quando Jesus Cristo disse que nos amava, Ele tinha consciência da profundidade disso. E você? O seu "eu te amo" realmente tem esse significado ou você está falando da boca para fora?

Reflita aqui, comigo. De quem, em sua vida, você estaria ao lado na saúde e na doença? Para quem, em sua vida, você jamais viraria as costas? Quem poderia te ofender e você, ainda assim, perdoaria sem ressentimentos?

O amor verdadeiro é puro. O amor verdadeiro não tem barreiras. Quero convidar você a ler um trecho do Evangelho de Lucas (7,36-50):

> Um fariseu convidou Jesus para uma refeição em sua casa. Jesus entrou na casa do fariseu e pôs-se à mesa. Certa mulher, conhecida na cidade como pecadora, soube que Jesus estava à mesa na casa do fariseu. Ela trouxe um frasco de alabastro com perfume e, ficando por detrás, chorava aos pés de Jesus; com as lágrimas começou a banhar-lhe os pés e a enxugá-los com os cabelos, cobria-os de beijos e os ungia com o perfume. Vendo isso, o fariseu que o havia convidado ficou pensando: "Se este homem fosse um profeta, saberia que tipo de mulher está tocando nele, pois é uma pecadora".
> Jesus disse então ao fariseu: "Simão, tenho uma coisa para te dizer". Simão respondeu: "Fala, mestre!". "Certo credor tinha dois devedores; um lhe devia quinhentas moedas de prata, o outro cinquenta. Como não tivessem com que pagar, o homem perdoou os dois. Qual deles o amará mais?" Simão respondeu: "Acho que é aquele ao qual perdoou mais". Jesus lhe disse: "Tu julgaste corretamente".
> Então, Jesus virou-se para a mulher e disse a Simão: "Estás vendo esta mulher? Quando entrei em tua casa, tu não me ofereceste água para lavar os pés; ela, porém, banhou meus pés com lágrimas e enxugou-os com os cabelos. Tu não me deste o beijo de saudação; ela, porém, desde que entrei, não

parou de beijar meus pés. Tu não derramaste óleo na minha cabeça; ela, porém, ungiu meus pés com perfume. Por essa razão, eu te declaro: os muitos pecados que ela cometeu estão perdoados, porque ela mostrou muito amor. Aquele a quem se perdoa pouco mostra pouco amor". E Jesus disse à mulher: "Teus pecados estão perdoados". Então, os convidados começaram a pensar: "Quem é este que até perdoa pecados?". Mas Jesus disse à mulher: "Tua fé te salvou. Vai em paz!".

Percebam a força dessa passagem! Jesus nos ensina, com atos nobres, que amar não é concordar com tudo o que o outro faz, mas acolher o outro como ele é. Se Jesus amou aquela mulher, quem é você para ficar criticando a sua vizinha que leva uma vida diferente da sua? Quem é você para "detestar" alguém por não concordar com ele?

Ame seu próximo. Sabe o que isso significa? Deseje a ele apenas coisas boas. Deseje a ele tudo aquilo que gostaria que desejassem para você.

Oração

Em nome do Pai, do Filho e do Espírito Santo. Amém.

Senhor Jesus Cristo, quero Te pedir humildemente: estou batendo à tua porta, recebe-me, Senhor! Recebe o meu pedido, a minha oração, escuta o meu clamor: quero Te conhecer, Senhor, quero Te amar! Quero estar Contigo, Senhor, o meu lugar é onde o Senhor estás!

Sem Ti não posso absolutamente nada! O meu coração está totalmente aberto para Ti, para o amor! O Senhor és o verdadeiro amor! Guia os meus passos, quero amar o Senhor acima de todas as coisas e o meu próximo como a mim mesmo! Jesus, ensina-me a amar.

Em nome do Pai, do Filho e do Espírito Santo. Amém.

16. Você já agradeceu hoje?

REFLEXÃO

Vamos começar nossa reflexão a partir de perguntas: O que você quer pedir para Jesus Cristo hoje? Qual é o seu desejo? Ser curado de uma doença? Conseguir um bom emprego? Reconstruir a sua casa, a sua família, o seu namoro ou casamento? Talvez seja ter condições de fazer uma boa faculdade? Está sozinha(o) e quer alguém para dividir a vida?

Jesus é pura bondade. Jesus já nos disse: "Pedi e recebereis". Perceba que frase forte! Antes de falar um pouco sobre isso, vamos ler o Evangelho de Lucas (11,5-10), no qual consta essa passagem de quando Jesus disse aos discípulos:

> Se um de vós tiver um amigo e for procurá-lo à meia-noite e lhe disser: "Amigo, empresta-me três pães, porque um amigo meu chegou de viagem e nada tenho para lhe oferecer", e se o outro responder lá de dentro: "Não me incomodes! Já tranquei a porta, e meus filhos e eu já estamos deitados; não me posso levantar para te dar os pães", eu vos declaro: mesmo que não se levante para dá-los porque é seu amigo, vai levantar-se ao menos por causa da impertinência dele e lhe dará quanto for necessário. Portanto, eu vos digo, pedi e recebereis; procurai e encontrareis; batei e vos será aberto. Pois quem pede, recebe; quem procura, encontra; e para quem bate, se abrirá.

Veja bem, quando Ele nos diz "pedi e recebereis", isso também é uma responsabilidade. O que você quer, de fato? Já pensou nisso? Tem gente que fica rezando e pedindo, pedindo, pedindo... E se esquece de agradecer! Poxa! Agradeça! Abra seu coração, seja grata(o). Quanto mais a gente agradecer, mais coisas boas vão chegar a nossa vida. Já pensou nisso? Você pedindo, às vezes recebe a graça e nem se dá conta, pois não para de pensar no que você quer, no que ainda não conseguiu, em pedir coisas muitas vezes sem importância... Deus é tão maravilhoso, tão misericordioso... E você nem reconhece os milagres que Ele opera em sua vida?

Peça, mas peça com o coração! Peça que Jesus interceda. Mas agradeça. Não seja mal-educada(o). Nossa mãe falou tanto para a gente sobre educação. Ensinou a dizer "por favor", "obrigada(o)"... A educação é a maior herança que os pais podem deixar para os filhos. Vamos honrá-la?

Outra coisa que percebo é que as pessoas pedem e querem tudo na hora. Ficam reclamando o tempo todo... Vou dar um exemplo de minha vida. Hoje, eu tenho um carro que me leva para os compromissos, para as missas. Mas nem sempre foi assim. Antes de andar nesse carro, eu andei anos e anos de trem e de ônibus. Eu fazia duas faculdades — uma de manhã e outra à noite — em São Paulo. A que era de manhã ficava no Ipiranga e a outra, em Santana. Quem conhece São Paulo sabe que são bairros distantes um do outro. E eu ia de condução: metrô e ônibus. Havia dia que eu não tinha dinheiro para pagar uma parte do percurso e ia a pé. E tudo bem! Nunca reclamei e não estou reclamando. Sabe o que eu fazia? Agradecia por estar fazendo minhas faculdades. A cultura, o estudo, ler bons livros e se informar, na minha opinião, são grandes riquezas do homem. Podem te roubar tudo, mas não vão roubar sua sabedoria, o que você aprendeu. E eu estava semeando para poder colher um dia.

Lembra na escola, quando a gente fazia aquela experiência de colocar um grãozinho de feijão dentro de um copo com algodão e água? A gente ficava esperando um tempão para poder vê-lo brotar e depois crescer. Ou seja, tivemos o trabalho de plantar, a paciência para cuidar e para ver o resultado desse trabalho.

Por isso eu digo: eu peço, mas agradeço. Eu sei que Jesus me escuta, por isso, sei esperar o que é meu e que vai chegar. Peça, Jesus está te dizendo: "Pedi e recebereis". Mas seja grata(o). A gratidão é um dos sentimentos mais bonitos de nosso coração.

Oração

Em nome do Pai, do Filho e do Espírito Santo. Amém.

Deus é bondoso e nos enche de graça o tempo todo, para que tenhamos sempre o necessário e ainda tenhamos de sobra! Então, meu Senhor, eu Te agradeço. Antes de tudo em minha vida, sou grata(o) ao Senhor. No meu coração, eu carrego, diariamente, a gratidão. Aquele que planta, com amor em Jesus, vai colher o suficiente para ele e ainda terá a mais, para ajudar o próximo. O maior presente que Deus me deu foi a minha vida. E, com ela, quero trabalhar e conquistar o que mereço. Sei que só Deus pode trazer a minha realização plena. Jesus Cristo é o caminho para a minha felicidade. Por isso, agradeço.

Em nome do Pai, do Filho e do Espírito Santo. Amém.

17. Você realmente sabe do que precisa?

Reflexão

Uma vez me falaram uma palavra que
eu achei ótima: "empáfia". Sabe o que é empáfia?
Arrogância, insolência. E acho que nós,
seres humanos, temos empáfia em relação à vida.
A gente é arrogante por achar que sabe tudo!
Fale a verdade, estamos só nós dois aqui, neste livro
que é um papo entre nós: você não acha que sabe
exatamente do que precisa para a sua vida?
Minha amiga, meu amigo, sinto jogar
um balde de água fria em cima de você:
a gente não sabe é de nada!

Tem uma passagem na Bíblia que fala exatamente sobre isso: do que a gente acha que precisa... Está em Atos (3,1-10). Vamos ler esse episódio:

> Pedro e João subiam ao templo para a oração das três horas da tarde. E vinha carregado por outros um homem coxo de nascença, que costumavam colocar todos os dias na porta do templo, chamada Formosa, a fim de que pedisse esmolas aos que entravam. Quando viu Pedro e João entrando no templo, o homem pediu uma esmola. Os dois olharam bem para ele e Pedro disse: "Olha para nós!". O homem fitou neles o olhar, esperando receber alguma coisa. Pedro então lhe disse: "Não tenho ouro nem prata, mas o que tenho eu te dou: em nome de Jesus Cristo, o nazareno, levanta-te e anda!". E, pegando-lhe a mão direita, Pedro o levantou. Na mesma hora, os pés e os tornozelos do homem ficaram firmes. Então ele deu um pulo, ficou de pé e começou a andar. E entrou no templo junto com

Pedro e João, andando, pulando e louvando a Deus. O povo todo viu o homem andando e louvando a Deus. E reconheceram que era ele o mesmo que pedia esmolas, sentado na porta Formosa do templo. E ficaram admirados e espantados com o que havia acontecido com ele.

Veja bem: o que aquele homem que não conseguia andar esperava da vida? Uma esmola, um trocado, qualquer coisa para tentar matar a fome, para aplacar um pouco aquela vida de tristeza. Para piorar a situação, ele nem tinha esperança de andar. Ele vivia de esmolas! E Jesus o curou, ele começou a andar.

Muitas vezes acontece comigo e, tenho certeza, com você também: você pede para Jesus Cristo uma coisa e Ele te dá outra que não tem nada a ver com o que você havia pedido... Veja o caso desse homem que vivia de caridade, ele já tinha perdido as esperanças e estava ali, naquela porta, pedindo esmolas. Ele já tinha se acostumado a levar a vida com todas as suas desilusões, já estava totalmente desanimado. Assim como você pode se encontrar hoje: desiludida(o), cansada(o), porque já faz anos e anos que você está pedindo para Deus uma coisa e acha que Deus não te escuta, que Deus não te ouve e que nada acontece.

Mas, perceba, aquele homem estava somente querendo esmola, nada mais. Isso era comum, corriqueiro na vida dele, passava os dias assim. Até que ele pediu uma coisa e recebeu outra pelo nome poderoso de Jesus! Ele ficou tão chocado e tão feliz que saiu pulando. A exemplo desse homem, Deus tem algo muito melhor para te dar! Talvez não seja no seu tempo, talvez não seja na sua hora, mas na hora Dele, no tempo Dele, Ele vai conceder a você aquilo de que você PRECISA! Talvez você queira muito algo e não vai receber agora. Você já parou para pensar se está na hora de receber isso? Já parou para pensar se você tem maturidade o suficiente para receber o que almeja?

Muitas vezes o que você quer não é o que realmente precisa. E Deus nos ama tanto que ele sabe muito bem do que precisamos.

Aquele homem estava pedindo esmolas, mas ele não precisava de esmolas: o que ele precisava era caminhar, era ser saudável para poder trabalhar e não mais ter que pedir esmolas. Ele precisava de dignidade.

E Deus quer nos dar dignidade, Deus não se preocupa com o material. Veja bem, os apóstolos Pedro e João não tinham dinheiro. Eles tinham fé! Repita comigo: "Deus sabe do que eu preciso". É necessário confiar no Senhor, é preciso experimentar o querer de Deus, o tempo de Deus!

Oração

Em nome do Pai, do Filho e do Espírito Santo. Amém.

Eu renuncio, Senhor, a todo mal, a todo atraso de vida, eu renuncio a toda maldição, a toda enfermidade. Eu tomo posse de todas as graças que o Senhor tens reservadas para mim, eu tomo posse do Teu poder e de tudo de bom, de todas as graças que o Senhor tens para mim. Que a cruz sagrada seja a minha luz, que não seja o dragão meu guia. Retira-te, Satanás, e nunca me aconselha coisas vãs. É mau que tu me ofereces, bebe tu mesmo do teu veneno.

Em nome do Pai, do Filho e do Espírito Santo. Amém.

18. Você enxerga por detrás da aparência?

Reflexão

Constantemente, na Palavra de Deus, Ele deixa muito claro como julgamos pelas aparências. Como o exterior para nós vale mais do que o interior das pessoas. Como fazemos distinção entre as pessoas. Geralmente, decidimos quem tem chances e quem não tem em nossa vida (e falo não somente no amor, mas nas relações de amizade), quem entra e quem sai, qual é a beleza ideal e qual não é... Vamos pensar, antes de continuar a leitura, em um exemplo prático: o quanto uma roupa bonita faz com que você ache uma pessoa melhor do que outra que se veste de forma mais simples?

Não se julga ninguém pela aparência, pela roupa, por nada. Deus deixa isso claro quando escolhe Moisés, um senhor, gago, com dificuldades de falar, para cuidar do povo de Israel. O próprio Moisés questiona a escolha ao dizer:

> "Ah, meu Senhor! Eu não sou homem eloquente, nem de ontem nem de anteontem, nem ainda desde que tens falado ao teu servo; porque sou pesado de boca e pesado de língua." (Êxodo 4,10)
> E disse-lhe o Senhor: "Quem fez a boca do homem? Ou quem fez o mudo, ou o surdo, ou o que vê, ou o cego? Não sou eu, o Senhor? Vai, pois, agora, e eu estarei com a tua boca e te ensinarei o que hás de falar." (Êxodo 4,11-12)

Outro exemplo é quando Deus escolhe Abraão e Sara. Abraão era mais velho e Sara, além de mais velha, não podia ter filhos:

Foi pela fé que Abraão obedeceu à ordem de partir para uma terra que devia receber como herança e partiu, sem saber para onde ia. Foi pela fé que ele residiu como estrangeiro na terra prometida, morando em tendas com Isaac e Jacó, os coerdeiros da mesma promessa. Pois esperava a cidade alicerçada que tem Deus mesmo por arquiteto e construtor. Foi pela fé também que Sara, embora estéril e já de idade avançada, tornou-se capaz de ter filhos, porque considerou fidedigno o autor da promessa. (Hebreus 11,8-11)

É necessário refletirmos sobre algumas questões: qual é a importância real da aparência? O que é a beleza, senão um padrão imposto pela sociedade? O que é belo hoje não era belo tempos atrás, e certamente pode não ser daqui a alguns anos. Uma roupa de grife vai dar mais capacidade a alguém? Um cabelo de estrela de cinema vai ajudar alguém a ser mais inteligente do que o outro? Não, minha cara, meu caro. Se você só olha o superficial, isso é uma futilidade sem tamanho. Se você escolhe pela aparência, você não olha com os olhos do coração. Você não olha com os olhos de Jesus Cristo, você não ama como Jesus Cristo e não sente como Jesus Cristo.

Deus nos cobra porque fazemos distinção entre as pessoas. Nunca se esqueça dessa passagem que vou te contar agora, do Evangelho de Mateus (7,1-5), quando Jesus disse aos discípulos:

Não julgueis para não serdes julgados. Pois vós sereis julgados com o mesmo julgamento com que julgardes; e sereis medidos com a mesma medida com que medirdes. Por que observas o cisco no olho do teu irmão e não prestas atenção à trave que está no teu próprio olho? Ou como podes dizer ao teu irmão: "Deixa-me tirar o cisco do teu olho", quando tu mesmo tens uma trave no teu? Hipócrita, tira primeiro a trave do teu próprio olho e então enxergarás bem para tirar o cisco do olho do teu irmão.

Jesus nos mostra claramente que somos arrogantes ao julgar os outros. E ainda vai além: Ele ensina que, do mesmo jeito que você julga, você será julgada(o). Ou acha que passa o dia falando de como um se veste, de como o outro se comporta, da cor do cabelo da fulana... e ninguém vai falar de você?

Se Deus fosse te julgar como você julga os outros, pela aparência, pela superficialidade, você estaria perdida(o). Mas Deus julga com amor, Deus ama, Deus nos dá a oportunidade de sempre melhorar algo em nossa vida. Que tal começar a melhorar hoje em seus julgamentos arrogantes e superficiais?

Oração

Em nome do Pai, do Filho e do Espírito Santo. Amém.

Jesus, meu Senhor, me ajuda a não julgar, para não ser julgada(o). Faz com que eu entenda a profundidade e a humanidade do meu próximo, sem ser superficial. Me ajuda a buscar o que realmente importa. Me ajuda a fugir do mundano, das ciladas da vida. Me ajuda a buscar o equilíbrio, a sabedoria e a plenitude.

Em nome do Pai, do Filho e do Espírito Santo. Amém.

19. Como você gasta seu tempo?

Reflexão

Tempo é uma das coisas mais valiosas que temos. E não tem jeito: a gente gasta nosso tempo a cada segundo que passa. E ele não volta mais. Quero propor uma reflexão que pode parecer simples: como você gasta seu tempo? É com sabedoria? Ou você está jogando o seu tempo fora, mesmo tendo a certeza de que ele acaba um dia?

Jesus nos ensinava por meio de parábolas. Parábolas são histórias pequenas que comparam elementos e que trazem em si um conselho, uma lição. Pois bem, gosto de imaginar como esses momentos aconteciam: não havia megafone nem microfone, nada... Então, fecho os olhos e imagino aquele homem sábio falando para milhares de pessoas, sentado numa rocha ou num tronco de árvore, ou numa barca à beira-mar... Voz mansa, suave (é, ele não precisava ficar berrando), e todos, mesmo aqueles que se sentavam mais atrás, aqueles que os olhos nem alcançavam, eram capazes de ouvir as histórias por horas e horas. Todos debaixo do sol do deserto, sem se preocupar com o que comer, vestir, beber... Ah, e saíam saciados!

Agora, voltemos para o hoje: quantos de nós já nos sentamos ou vamos nos lembrar de que nos sentávamos para ouvir as histórias dos nossos avós, dos nossos pais? Aquele papo na mesa de jantar, nas cadeiras do lado de fora de casa ou no jardim do prédio? Há quanto tempo você não faz isso? Já fez isso algum dia? Já se sentou com seus filhos, leu um bom livro infantil, aproveitou para contar histórias de sua época, falou sobre o seu dia e seu trabalho?

Hoje "não temos tempo" para conversar com vizinhos, com a família, com as crianças... Brincar, então? "Que perda de tempo!" Crianças estão ocupadas demais para isso e os adultos também não se importam. No menor do tempo livre, já dão logo o celular para a criança se aquietar, afinal, não querem "perder tempo" brincando com ela.

Sinto que nos perdemos no tempo, que a vida está passando rapidamente e nós nem sequer fazemos parte dela. Hoje, para nos comunicarmos, precisamos de muitos microfones, falar bem alto, reunir pessoas em salas fechadas... Precisamos de computadores, de celulares, de redes sociais. E ninguém mais conversa. Quase não tem mais olho no olho. Quantas daquelas janelinhas que estão no seu celular são de pessoas que realmente você tem contato? É preciso atitude.

É preciso estar presente. Jesus quer que você tome atitude, que não desperdice todo o seu tempo com bobagens. Jesus faz da simplicidade, do jeito de falar franco e sem enrolação um meio de chegar à vida das pessoas. E você? Aceitou Jesus de verdade? Sabe levar boas palavras para os seus próximos? Sabe ouvir atentamente e tirar disso bom proveito e boas lições? Afinal, "Tudo o que está escondido deverá tornar-se manifesto, e tudo o que está em segredo deverá ser descoberto. Se alguém tem ouvidos para ouvir, ouça" (Marcos 4,22-23).

Oração

Em nome do Pai, do Filho e do Espírito Santo. Amém.
 É verdade, meu Senhor, que o tempo é precioso. Agradeço ao Senhor por teres me agraciado com a vida e com tempo. Com isso, espero sempre fazer a diferença. Que eu tenha sabedoria e humildade para usar bem o tempo. Que eu possa levar para as pessoas um pouco de Tua alegria e de Tua Palavra. Que eu seja sábio para entender onde devo colocar o meu esforço, o meu tempo, a minha dedicação. E tudo com a bênção do Senhor.
 Em nome do Pai, do Filho e do Espírito Santo. Amém.

20. Por onde eu devo caminhar?

Reflexão

Na reflexão de hoje, antes de mais nada, quero que leia este trecho do Evangelho de João (14,1-6), quando Jesus diz:

> "Não se perturbe o vosso coração. Tendes fé em Deus, tende fé em mim também. Na casa de meu Pai há muitas moradas. Se assim não fosse, eu vos teria dito. Vou preparar um lugar para vós e, quando eu tiver ido preparar-vos um lugar, voltarei e vos levarei comigo, a fim de que, onde eu estiver, estejais também vós. E para onde eu vou, vós conheceis o caminho". Tomé disse a Jesus: "Senhor, nós não sabemos para onde vais. Como podemos conhecer o caminho?". Jesus respondeu: "Eu sou o caminho, a verdade e a vida. Ninguém vai ao Pai senão por mim".

Muito bem, veja que Tomé faz uma pergunta a Jesus. Ele quer saber qual é o caminho, para onde seguir. Essa é uma pergunta que nos fazemos sempre, não é? Eu faço, você faz... Cada um tem um jeito de fazer essa pergunta. Tem quem chegue em mim e pergunte:

"Padre, qual é o segredo da felicidade?"

"O que faço para ir para o céu?"

"Padre, como ter um casamento (ou um namoro) feliz?"

"Padre, não sei mais o que fazer... O que faço da minha vida?"

No fim, todas essas questões são a mesma: "Para onde devo seguir? Qual é o caminho?". Agora, vamos ser honestos. A gente não sabe para onde vai ou fingimos não saber? Sabemos muito bem diferenciar aquilo que é mau daquilo que é bom. Então, se você sabe diferenciar o mal e o bem, você sabe, sim, qual é o caminho. Jesus é tão bom que nos diz, com todas as letras, para onde seguir: "Eu sou o caminho, a verdade e a vida".

Então, se Jesus é o caminho, por que você vai se desviar dele? Por que vai escolher o caminho da desgraça? Da decepção? Você vai atrás de Jesus ou escolherá o caminho que te satisfaz momentaneamente? Na vida, nós fazemos escolhas. E você prefere satisfazer suas vaidades, seu ego, sua prepotência?

Veja bem, vamos para um exemplo prático: você está com um amigo ou uma amiga e começam a falar sobre alguém. Você vai elogiar, falar das coisas boas que ela faz na vida, de suas qualidades? Ou vai ficar com aquela língua maldita, fofoqueira, faladeira, apontando e julgando?

Sabe qual é o caminho da felicidade? Sabe qual é a única resposta para todas as perguntas que coloquei aqui? É uma só. Quer ver?

"Padre, qual é o segredo da felicidade?"

Siga os ensinamentos de Jesus!

"O que faço para ir para o céu?"

Siga os ensinamentos de Jesus!

"Padre, como ter um casamento (ou um namoro) feliz?"

Siga os ensinamentos de Jesus!

"Padre, não sei mais o que fazer... O que faço da minha vida?"

Siga os ensinamentos de Jesus!

Ficou claro? Jesus é o caminho. Jesus é a verdade. Jesus é a vida. Espelhe-se Nele. Jesus tinha educação, o que muitos de nós não temos mesmo; Jesus era cheio de compaixão, de caridade, e nós não somos; Jesus perdoava, e nós não perdoamos; Jesus amava de verdade, e nós não amamos. Ele, aliás, nos ensinou a amar até os nossos inimigos. E a gente faz o quê? Quer que nossos inimigos se explodam, estejam bem longe. Mas me diz: quanto mais a gente quer o inimigo longe, mais ele se aproxima, não é?

Não seria um sinal de Deus? Pense bem... Quer ser uma pessoa melhor, olhe para Jesus. Aprenda com Ele.

Existe uma história que eu sempre ouvi, conta-se muito, e a acho muito interessante: havia uma senhora (alguns dizem um senhor, enfim, não importa) que costumava colocar um grão de milho dentro de um pote sempre que ia à missa. Em um desses dias, quando saiu em direção à igreja, uma vizinha passou mal e ela a ajudou. Levou ao hospital, fez tudo para ajudá-la e a vizinha ficou bem. Após isso, ela saiu correndo para tentar chegar a tempo à igreja, mas pegou a celebração pela metade. Ela voltou para casa triste e colocou meio grão de milho no pote, pensando que talvez por causa disso ela não pudesse entrar no céu. Quando morreu, São Pedro a recebeu na porta do céu e ela apresentou a ele o pote. Em seguida, o quebrou para contar os grãos e mostrar, orgulhosa, de quantas missas havia participado. Ela se choca ao perceber que havia somente meio grão de milho e diz a Pedro que os ratos deviam ter comido os grãos. E São Pedro diz:

"Não, minha filha, não foram os ratos. Este meio grão foi aquele do dia em que você prestou socorro a sua vizinha".

Sem entender, ela acha que não poderá entrar no céu, mas Pedro diz, com amor:

"Seja bem-vinda! A caridade é o maior tesouro e isso é o que importa para entrar no céu!".

Ou seja: adianta ir à missa e ficar com a cabeça aérea, ou ficar prestando atenção no que não sei quem está vestindo? Não. O que importa mesmo é viver o exemplo de Jesus. É estar na missa e ouvir o que Jesus tem a dizer e aplicar de verdade em sua vida. Jesus é o caminho!

Oração

Em nome do Pai, do Filho e do Espírito Santo. Amém.
    Jesus, caminho, verdade e vida, que eu ande sob Teus ensinamentos. Que eu jamais escolha desviar do caminho. Me perdoa pelo egoísmo, por quando eu deixei me fascinar por outras trilhas que não são as Tuas. Abre meu olho, meu coração e minha alma para a verdade. E a verdade é uma só: apenas com o Senhor eu irei ao Pai.
    Em nome do Pai, do Filho e do Espírito Santo. Amém.

21. Você junta ou você constrói?

REFLEXÃO

Passamos tanto tempo de nossa vida correndo de um lado para outro. Temos pressa, estamos sempre com muita pressa. O que mais pensamos é que precisamos trabalhar, juntar enquanto somos jovens, porque temos braços e pernas fortes e não ficamos doentes tão facilmente. Buscamos apressadamente juntar bens materiais usando as mais diversas desculpas, por acreditar que só teremos esse tempo. Identifica-se com isso?

Pois bem, acho que todos nós entendemos um pouco da reflexão anterior. Os dias de hoje exigem cada vez mais velocidade. É preciso correr, correr e correr... Sinto e acredito que as pessoas estão cada vez mais sem tempo, os dias parecem mais curtos, os meses se passam numa velocidade tão grande que quase não percebemos. E nós querendo juntar, juntar e juntar.

Mas juntar não significa construir, edificar. Você está juntando tanto, mas será que está construindo a sua vida sobre a rocha que é Jesus Cristo? Imagine que você está juntando, empilhando, e não se preocupa com a fundação. Aí, chegam os ventos, as tempestades... E tudo se perde, tudo vai pelo ar! De que adiantou tanta correria?

E mais: você usufrui ou vai usufruir de tudo o que está acumulando? Você não sabe do amanhã. Podemos estar aqui neste segundo e parar de respirar no próximo. E para onde vão todo o seu esforço, todo o seu suor, todo o tempo que gastou? Pare para pensar: tudo o que juntou vai permanecer depois que você se for? Você está deixando algo realmente importante, que faz diferença na sua vida ou na vida do próximo?

Na nossa ignorância, na falta de entendimento, nos afastamos de Deus. É preciso viver com sabedoria. E só se vive com sabedoria quando se está junto de Deus. Juntar e apenas juntar traz o vazio, a solidão, porque se você consegue atingir suas metas, recebe o aplauso dos outros e com essas glórias, na maioria das vezes, vem a inveja. Então, você fica com medo e acaba por ficar só, insegura(o), solitária(o), com receio de que tudo se acabe. Exigiu tanto de si mesma(o) para alcançar o bem material, a admiração dos outros e agora o medo de perder te coloca em uma prisão. A prisão do coração.

Se sua fundação for Jesus Cristo, se a sua sabedoria estiver em Deus, mal nenhum vai entrar na sua vida! Se está comungando verdadeiramente com Jesus Cristo, comendo o pão do céu, escutando as suas palavras e, principalmente, pondo-as em prática, tudo vai dar certo.

Jesus Cristo é nosso norte, é nossa rocha. É Nele em que devemos construir a nossa vida! Eu posso muito mais, nós podemos muito mais, por termos Jesus Cristo.

Oração

Em nome do Pai, do Filho e do Espírito Santo. Amém.
Com Jesus Cristo eu tenho a luz. Com Jesus Cristo não existem trevas! Jesus é a minha luz! A luz que nos ilumina, que me leva à felicidade plena. Jesus é meu porto seguro. Jesus é minha rocha. É Nele que quero edificar a minha vida.
Pai nosso que estais no céu, santificado seja o Vosso nome, venha a nós o Vosso reino, seja feita a Vossa vontade assim na terra como no céu. O pão nosso de cada dia nos dai hoje, perdoai as nossas ofensas assim como nós perdoamos a quem nos tem ofendido, e não nos deixeis cair em tentação, mas livrai-nos do mal.
Em nome do Pai, do Filho e do Espírito Santo. Amém.

22. Você separa ou você agrega?

REFLEXÃO

Atualmente, a situação está complicada. Veja você que vivemos uma época de guerra. De guerra de palavras e de opiniões. De querer mostrar "quem sabe mais", de querer enfiar goela abaixo do outro a sua opinião. Isso vem causando uma divisão entre famílias, entre pessoas que um dia foram amigas. E quem é você nesse cenário? Você separa ou você agrega?

Hoje em dia, parece que todo mundo virou o dono da palavra. Todo mundo sabe de tudo, todo mundo faz textão na internet. E ninguém aceita um ponto de vista diferente. Claro que seguir o mal, desejar o mal, fazer o mal não é questão de opinião, é errado mesmo! Ninguém pode desejar o mal de ninguém, isso está fora de cogitação. Isso não é questão de opinião. Mas pontos de vista diferentes e estilos de vida diferentes devem ser respeitados, jamais julgados. Não se esqueça: Deus te ama do jeito que você é. Você é muito amado por Deus.

Você foi à missa, comungou, leu a Bíblia, foi ao culto, está aqui com o livro do padre Alessandro nas mãos, mas continua brigado com seu irmão por causa de uma discussão no bendito grupo da família no celular?! Briga por não concordar com a vida do primo ou com a opinião da sobrinha! Ah, faça-me o favor. Isso é hipocrisia.

As pessoas estão brigando e se separando por não saberem ouvir. E sempre tem aquele que incita ao mal. Fica lá colocando lenha na fogueira das vaidades que virou este nosso mundo.

Quem é você nisso tudo? Já pensou qual o seu papel nessa situação? Você separa ou você agrega? Você segue os ensinamentos de Jesus — trabalhando para que a paz de Deus reine em você e entre os homens?

João conta em seu Evangelho (14,27) que Jesus disse: "Deixo-vos a paz, a minha paz vos dou; mas não a dou como o mundo dá". O que Jesus quis dizer com isso? Que a paz de Deus, de nosso Pai, não é a paz dos homens. A paz de Deus é total. Com Deus não temos medo. Não temos falta de esperança. A paz de Deus é cheia de coragem. É união, esperança, fé e amor. A paz de Deus e em Deus é inabalável.

Por isso, quero citar aqui uma das mais belas orações, a Oração da Paz ou Oração de São Francisco de Assis:

> Senhor, fazei de mim um instrumento de vossa paz.
> Onde houver ódio, que eu leve o amor;
> Onde houver discórdia, que eu leve a união;
> Onde houver dúvida, que eu leve a fé;
> Onde houver erro, que eu leve a verdade;
> Onde houver ofensa, que eu leve o perdão;
> Onde houver desespero, que eu leve a esperança;
> Onde houver tristeza, que eu leve a alegria;
> Onde houver trevas, que eu leve a luz.
> Ó Mestre, fazei com que eu procure mais consolar que ser consolado;
> Compreender que ser compreendido;
> Amar que ser amado;
> Pois é dando que se recebe;
> É perdoando que se é perdoado;
> E é morrendo que se vive para a vida eterna.

Linda, não é? Em um mundo tão dividido, seja um agente da paz de Deus.

Oração

Em nome do Pai, do Filho e do Espírito Santo. Amém.
Que minha fé inabalável em Jesus Cristo me faça ser um agente da paz divina. Me dê sabedoria para ser um agente agregador em um mundo cheio de divisões, de desamor e desunião. Me dê entendimento e força para destruir os abismos entre as pessoas, para construir pontes em direção ao bem.
Creio em Deus Pai, Todo-Poderoso, criador do céu e da terra; e em Jesus Cristo, seu único Filho, nosso Senhor, que foi concebido pelo poder do Espírito Santo; nasceu da Virgem Maria; padeceu sob Pôncio Pilatos, foi crucificado, morto e sepultado; desceu à mansão dos mortos; ressuscitou ao terceiro dia; subiu aos céus; está sentado à direita de Deus Pai, Todo-Poderoso, donde há de vir a julgar os vivos e mortos. Creio no Espírito Santo; na Santa Igreja Católica; na comunhão dos santos; na remissão dos pecados; na ressurreição da carne; na vida eterna.
Em nome do Pai, do Filho e do Espírito Santo. Amém.

23. Sua vida passa por uma tormenta?

Reflexão

Proponho iniciar nossa reflexão de hoje com o Evangelho de Mateus (8,23-27):

> Jesus entrou na barca e seus discípulos o acompanharam. E eis que houve uma grande tempestade no mar, de modo que a barca estava sendo coberta pelas ondas. Jesus, porém, dormia. Os discípulos aproximaram-se e o acordaram, dizendo: "Senhor, salva-nos, pois estamos perecendo!". Jesus respondeu: "Por que tendes tanto medo, homens fracos na fé?". Então, levantando-se, ameaçou os ventos e o mar, e fez-se uma grande calmaria. Os homens ficaram admirados e diziam: "Quem é este homem, que até os ventos e o mar lhe obedecem?".

Eu gosto muito dessa passagem do Evangelho — a tempestade acalmada. Às vezes, nossa vida está passando por uma tormenta tão forte, mas tão forte, que não conseguimos fazer mais nada. Nem olhar para o lado. E essa passagem nos mostra exatamente o que temos que fazer: chamar Jesus Cristo! É isso, temos que pedir a Ele que entre em nossa vida, devemos gritar por Jesus, para que Ele acalme as tempestades de nossa vida.

Quantas passagens há no Evangelho de pessoas que gritam por Jesus, clamam pela sua atenção, pela sua presença. E Ele vem e age poderosamente entre aqueles fiéis. Temos inúmeros exemplos de cura através de Jesus.

Muitas vezes, quando vivemos alguma experiência traumática, temos a impressão de que Jesus não está nos olhando, de que está "dormindo", como estava dormindo na barca com os discípulos. Temos que tomar a mesma atitude dos discípulos! Tome uma atitude, clame por Jesus em sua vida e diga a Ele: "Senhor, salva-nos, porque estamos perecendo"; "Jesus, me ajuda, não aguento mais viver esta situação"; "Estou passando por uma grande dificuldade; por favor, Jesus, me ajuda, ouve meu pedido, tem piedade, me ajuda a conseguir um trabalho, ajuda meu filho a sair das drogas".

Alguma vez na vida você já fez isso? Gritou por Jesus? Levante agora as mãos, vamos, sem medo, e chame por Ele: "Senhor, eu estou aqui, tem piedade de mim. Sozinha(o) eu não aguento mais".

No Evangelho, Jesus responde dizendo: "Por que tendes tanto medo, homens fracos na fé?". Não existe outra resposta meus irmãos, nos momentos de fraqueza de nossa vida, nas experiências ruins, nessas fases é que medimos a nossa fé. É quando temos que pensar que se tivéssemos muita fé, se acreditássemos para valer, se confiássemos em Jesus Cristo com todo o nosso coração, com toda a nossa alma, com todo o nosso entendimento, tudo seria diferente.

E estar com Jesus não é tão difícil como muita gente pensa: se conseguirmos colocar em prática o amor que Ele nos ensinou, Jesus nos promete: "Eu estarei em vocês e a alegria de vocês será completa". Essa é a promessa de Jesus Cristo para mim e para você. Porém, precisamos entender que a presença de Jesus em nossa vida não significa a ausência de dificuldades e de problemas: significa, sim, que Ele estará ao nosso lado e vai nos ajudar a passar por todas as tempestades.

Oração

Em nome do Pai, do Filho e do Espírito Santo. Amém.

Acalma, Senhor, o meu coração. Te peço, Jesus, a cura para meus males psicológicos e físicos. Te peço o milagre e, humildemente, eu quero Te louvar, Te bendizer e agradecer. Pois sei que existem situações em que só o Senhor podes me ajudar. E é por isso que peço por mim, por minha família. Que possamos ter a Tua cura, a Tua graça, o Teu perdão e a Tua misericórdia. Eu desejo que o Senhor entres na minha casa, que o Senhor entres na minha vida e não leves em conta as minhas misérias, pois tenho certeza do Teu amor por mim.

Santo Anjo do Senhor, meu zeloso guardador; se a Ti me confiou a piedade divina, sempre me rege, me guarda, governa e ilumina.

Em nome do Pai, do Filho e do Espírito Santo. Amém.

24. Você é um bom amigo?

Reflexão

Nossa reflexão deste capítulo vai começar com a leitura do Eclesiástico (6,5-17):

> Uma palavra amena multiplica os amigos e acalma os inimigos; uma língua afável multiplica as saudações. Sejam numerosos os que te saúdam, mas teus conselheiros, um entre mil. Se queres adquirir um amigo, adquire-o na provação; e não te apresses em confiar nele. Porque há amigo de ocasião, que não persevera no dia da aflição. Há amigo que passa para a inimizade e que revela as desavenças para te envergonhar. Há amigo que é companheiro de mesa e que não persevera no dia da necessidade. Quando fores bem-sucedido, ele será como teu igual e, sem cerimônia, dará ordens a teus criados. Mas, se fores humilhado, ele estará contra ti e se esconderá da tua presença. Afasta-te dos teus inimigos e toma cuidado com os amigos. Um amigo fiel é poderosa proteção: quem o encontrou, encontrou um tesouro. Ao amigo fiel não há nada que se compare, é um bem inestimável. Um amigo fiel é um bálsamo de vida; os que temem o Senhor vão encontrá-lo. Quem teme o Senhor conduz bem a sua amizade: como ele é, tal será o seu amigo.

Quem encontrou um amigo fiel, encontrou um tesouro! Veja que frase poderosa — e verdadeira. E você? Encontrou um amigo fiel? Daqueles com que pode contar para qualquer coisa? Mais do que isso: você também é um amigo fiel? Quem está ao seu lado para tudo é um bem inestimável.

Afinal, o que é ser um amigo fiel? Certamente não é aquele que te leva para a bebedeira, mas some quando você precisa de alguma coisa. É exatamente o que diz na passagem que citei: "Há amigo que é companheiro de mesa e que não persevera no dia da necessidade".

Nós já escutamos isso de tantas maneiras... Às vezes falamos que fulano é "amigo de copo". Ou seja, só na farra está ao seu lado. Mas o que é um amigo de verdade? Pense comigo um pouco, vamos fazer um exercício aqui. Pare por um tempinho e pense em alguém que você considera um amigo. A primeira pessoa que vier à sua mente. Agora, vamos aplicar aquilo que lemos logo acima. Essa pessoa em que você pensou já esteve ao seu lado em um momento difícil? Você já a chamou em um momento de aflição? E o que aconteceu? Ela correu para te socorrer? Ela já te ajudou, de fato, a resolver algo que estava te atormentando?

Se respondeu com um "sim" às perguntas, parabéns, você tem um fiel amigo. Se sobraram "nãos", ih... acho que é bom repensar. Sabe por quê? É fácil ser amigo na balada, todos altinhos, com um pouco de cachaça na cabeça. É fácil ser amigo de quem está feliz, com o bolso cheio de grana, de quem é bem-sucedido. Agora, essa mesma pessoa que só quer saber de festa e alegria e que some ao menor sinal de problemas é o tipo de gente que vai te trair. Que vai te humilhar, invejar, falar mal.

O que eu quero dizer: dê valor ao seu fiel e verdadeiro amigo! E mais do que isso: seja um fiel e verdadeiro amigo. Repense no seu lado: Essa pessoa, a que é de verdade na sua vida, já precisou de você? O que você fez? Esteve ao lado dela? Ajudou de verdade? Ou virou as costas?

E lembre-se sempre: o verdadeiro e primeiro amigo é Jesus Cristo. Ele nos escuta, nos ajuda. E olhe que a gente, volta e meia, parece nem se lembrar Dele quando está tudo bem. Fica só lamuriando quando está precisando de alguma coisa. Aí, corre pedir para Jesus. Poxa! Agradeça também. Ele é seu amigo, está ao seu lado. Mas e você? É hora de honrar a amizade de Jesus Cristo.

ORAÇÃO

Em nome do Pai, do Filho e do Espírito Santo. Amém.

Jesus, peço humildemente que eu possa honrar meus amigos verdadeiros. Que eu seja sempre um fiel amigo, antes de tudo, do Senhor. Que eu ande com as melhores companhias, que eu tenha as melhores intenções, que eu receba toda a graça. Obrigado, meu Deus, pelo dom da vida. E que, através desse dom, eu possa ser um(a) agente multiplicador(a) do amor.

Em nome do Pai, do Filho e do Espírito Santo. Amém.

25. Você constrói uma ponte ou abre um abismo?

REFLEXÃO

Imagine uma pessoa bem rica. Imaginou?
Agora, vamos listar mentalmente como é
essa pessoa que você criou na sua cabeça.
Vamos mais adiante: o que ela tem? Ela tem uma
casa de dois andares e três carros na garagem?
Ela viaja de avião, só na primeira classe, e toma
champanhe? Essa pessoa frequenta os lugares
mais badalados da moda, está sempre em festas
cheias de personalidades? E quando vai ao shopping?
Compra tudo o que quer, passa o cartão
e nem precisa se preocupar se vai ter ou
não dinheiro na conta?

Se essa é a verdadeira riqueza para você, devo dizer que seu olhar está um tanto deturpado. Torto mesmo! Quero dividir com você o Evangelho de Lucas (16,19-31), quando Jesus disse aos fariseus:

> Havia um homem rico que se vestia com roupas finas e elegantes e fazia festas esplêndidas todos os dias. Um pobre, chamado Lázaro, cheio de feridas, estava no chão, à porta do rico. Ele queria matar a fome com as sobras que caíam da mesa do rico. E, além disso, vinham os cachorros lamber suas feridas. Quando o pobre morreu, os anjos levaram-no para junto de Abraão. Morreu também o rico e foi enterrado. Na região dos mortos, no meio dos tormentos, o rico levantou os olhos e viu de longe a Abraão, com Lázaro ao seu lado. Então gritou: "Pai Abraão, tem piedade de mim! Manda Lázaro molhar a ponta do dedo para me refrescar a língua, porque sofro muito nestas chamas". Mas Abraão respondeu: "Filho, lembra-te que tu recebeste teus

bens durante a vida; e Lázaro, por sua vez, os males. Agora, porém, ele encontra aqui consolo e tu és atormentado. E, além disso, há um grande abismo entre nós: por mais que alguém desejasse, não poderia passar daqui para junto de vós nem os daí poderiam atravessar até nós". O rico insistiu: "Pai, eu te suplico, manda Lázaro à casa do meu pai, porque eu tenho cinco irmãos. Manda preveni-los, para que não venham também eles para este lugar de tormento". Mas Abraão respondeu: "Eles têm Moisés e os profetas, que os escutem!". O rico insistiu: "Não, pai Abraão, mas se um dos mortos for até eles, certamente vão se converter". Mas Abraão lhe disse: "Se não escutam a Moisés nem aos profetas, eles não acreditarão, mesmo que alguém ressuscite dos mortos".

A exemplo dessa passagem, o que mais acontece hoje em dia é essa divisão entre "ricos" e "pobres". Entre quem tem muito e quem não tem nada ou quase nada. Nos separamos, nos dividimos. Dividimos pelo poder financeiro, pela beleza, por religião, pela cor da pele, por classe social, por fama, por idade...

Agora, vamos ficar atentos ao que diz o Evangelho: o pobre morreu e foi para o céu. E o rico? Não estou dizendo que quem tem muito dinheiro vai para o inferno e quem não tem vai para o céu. Aqui, nessa história, não se fala de dinheiro! A história aqui vai muito além do dinheiro. Quem é rico ou quem é pobre para Jesus Cristo? Para Deus? É aí que quero chegar: tenha você muitas posses ou não, o que conta mesmo é seu amor pelo Pai! O que conta mesmo é fazer caridade, de coração. O que conta é não deixar um irmão passando fome, enquanto você está numa festa, entupindo-se de comida que nem aguenta mais!

Existe uma clara diferença nesse Evangelho do homem que foi bom, mesmo vivendo na miséria, e do homem que foi mau, mesmo tendo dinheiro de sobra para ajudar o próximo. Ele escolheu não ajudar! E abriu, assim, um abismo entre o inferno e o céu. Ele abriu tanto aquele abismo que, mesmo que alguém do céu quisesse ajudar, jamais conseguiria chegar perto dele.

A receita é simples: seja bom, só isso. Tenha amor no coração. Tenha Deus em sua vida. Seja um cristão de verdade e não da boca para fora. Adianta ir à missa ou ao culto todo domingo e maldizer a sua vizinha? Adianta dar uma cesta básica e ficar falando para todo mundo o que fez, para parecer bonzinho? E depois dar as costas ao seu irmão, que está lá, precisando de ajuda?

Temos que deixar de lado nosso orgulho, nossa vaidade, nossa ganância, nossa ignorância... Esse é o abismo que separa o bem e o mal. O abismo da mentira, o abismo da fofoca, o abismo da maldade, o abismo do egoísmo, todas essas coisas ruins que nós fazemos. Temos que estar alertas, tentar ao máximo abdicar disso tudo. Quando perceber que está fazendo fofoca, pare. Em vez de dizer que alguém é um "vagabundo que não trabalha", vá ajudá-lo! Você sabe pelo que aquela pessoa está passando? Em vez de abrir o abismo, construa uma ponte para você chegar ao céu!

Quer algo mais claro ainda? Pois bem, leia o que está escrito na primeira carta de Paulo a Timóteo (6,11-12):

> Tu, que és um homem de Deus, foge das coisas perversas, procura a justiça, a piedade, a fé, o amor, a firmeza, a mansidão. Combate o bom combate da fé, conquista a vida eterna, para a qual foste chamado e pela qual fizeste tua nobre profissão de fé diante de muitas testemunhas.

Quem é de Deus foge das coisas perversas, do mal; e procura ser justo e piedoso. Procura o verdadeiro amor, o de Jesus Cristo. Essa é a sua ponte, uma ponte sólida, para chegar ao Reino de Deus.

Oração

Em nome do Pai, do Filho e do Espírito Santo. Amém.

Deus, nosso Pai! Meu maior projeto de vida é construir a minha ponte em direção ao céu. Peço que me ajudes no caminho e que me ajudes a me levantar das quedas. Quero pedir, meu Jesus, que eu possa ter todo o "material" necessário para que essa ponte seja firme. Que meus "tijolos", que minha "fundação" sejam o amor, a caridade, a piedade, a justiça e a mansidão.

Em nome do Pai, do Filho e do Espírito Santo. Amém.

26. Deus quer renovar sua vida. E você?

Reflexão

Começarei este capítulo com algumas perguntas que ouço com certa frequência: se Deus nos criou para sermos felizes, por que, então, existem tantas pessoas infelizes? Por que, padre, eu estou infeliz?
Por que estou vivendo essa situação de tristeza, de angústia, de sofrimento na minha vida?
Por que o meu casamento não deu certo, o meu relacionamento, o meu namoro, não vingou?
Por que a minha empresa está falindo?
Por que tudo o que eu empreendo não prospera?
Padre, minha casa está de ponta-cabeça,
a minha família está destruída e eu
não consigo sair do lugar. Muitas vezes eu dou um passo para a frente e cinquenta passos para trás, o que está acontecendo comigo?

Se você se identificou com uma ou mais dessas perguntas, saiba que não está sozinha(o). Quantas e quantas vezes eu sou questionado por você, minha irmã e meu irmão, com todo tipo de queixa. Com todo tipo de "infelicidade".

Vamos analisar um pouco mais de perto essa questão e, garanto, existe uma resposta, que se dá por meio de uma pergunta que eu quero fazer a você:

Por que você espera resultados diferentes se faz tudo sempre igual?

Reflita sobre isso. Se você quer que alguma mudança aconteça na sua vida — profissional ou pessoal —, não adianta ficar olhando para o céu esperando que as coisas venham de mão beijada. É preciso que você dê o primeiro passo, que faça a sua parte. Você precisa fazer a diferença! Deus te dá caminho, te ajuda, mas de nada adianta se você não aceitar a mão de Deus em sua vida.

Deus não vai mudar sua vida se você não se transformar primeiro: é preciso que você faça a sua parte e dê o primeiro passo, que você saia da sua zona de conforto, do seu comodismo, e faça tudo que estiver ao seu alcance. E confie: a partir disso, Deus vai te ajudar a fazer aquilo que você não pode.

Vamos olhar um pouco mais para situações recorrentes do dia a dia. Quantas vezes você se viu colocando a culpa nos outros por seu fracasso? Nós somos mestres em responsabilizar os outros e apontar o dedo, dizendo: "A culpa foi dele!". E quando não conseguimos culpar alguém, o que acontece? Culpamos Deus. Imagine! Deus, nosso Pai, que nos quer bem. E culpamos Ele. Reclamamos para Ele que não estamos recebendo Sua ajuda. Temos que entender: a culpa é nossa, a culpa é sua. Deus não é o culpado das nossas transgressões, das nossas más escolhas, Deus não é o responsável por você ficar acomodada(o) enquanto a vida passa, Deus nos apontou caminhos e que culpa Ele tem se escolhemos desviar Dele?

É isso o que está acontecendo hoje com muitos de nós, buscamos os problemas com os nossos próprios atos. Vamos a exemplos práticos: não tenho nada contra quem fuma, mas o fato é que fumar faz mal à saúde — e não sou eu quem está dizendo. Está lá, na embalagem: "O Ministério da Saúde adverte: fumar é prejudicial à saúde". E como se isso não bastasse, ainda vemos aquelas fotos horríveis de pessoas que morreram com câncer de pulmão e várias outras doenças.

E, apesar de tudo isso, o que o fumante faz? Enfia a mão no bolso, para no primeiro boteco e compra a sua doença. Ele paga por sua agonia, paga pelo câncer e pela morte.

Repito: não tenho nada contra quem fuma, você pode fumar, a escolha é sua, mas não adianta depois, quando estiver morrendo, ir atrás do padre, achando que ele vai te salvar. Não adianta gritar aos céus que Deus não foi bom e te mandou uma doença. Deus não tem nada com isso: foi você quem escolheu, a escolha é sua.

Digo isso, pois, certa vez, uma jovem me chamou para levar a unção dos enfermos ao seu pai, que estava quase morrendo. Ele tinha fumado a vida inteira e estava com câncer no pulmão. Pois bem, no meio do caminho ela me disse que avisou ao pai várias vezes, suplicou para que parasse de fumar, mas ele não a escutou.

Quando chegamos ao hospital, entramos no quarto, ministrei o sacramento da unção dos enfermos, e ela me perguntou, com desespero no semblante:

"Padre, o meu pai vai morrer?".

"Infelizmente, vai", respondi. "E não vai demorar muito. E sabe por quê? Porque ele comprou a morte dele durante toda a vida. Você mesma me disse que avisou e ele não escutou."

Por mais chocante que pareça, esse é um exemplo do que se trata esta reflexão que faço com você, minha irmã, meu irmão. Mais do que uma reflexão, é um aviso: você fumante, que está lendo este livro agora, pare de fumar. Pare de comprar a sua própria desgraça, a sua tristeza, a sua angústia, o seu sofrimento...

Falo do cigarro, mas temos inúmeras maneiras de nos sabotar, de nos desviar de um caminho de felicidade. Talvez você precise parar de beber... Pare, dê um tempo! Ou seja o caso de parar de brigar, ou parar de fofocar, de falar mal do outro, de julgá-lo. Talvez você precise parar de comprar a sua tristeza, a sua angústia, o seu sofrimento. Pare!

Um livro é sempre uma experiência tocante e, na maior parte das vezes, solitária. Estamos só nós aqui e peço que aproveite este momento para refletir. Deus te quer sorrindo, Deus te criou para ser feliz — não aceite a derrota, não aceite com facilidade a angústia, a depressão, aquilo que te deixa triste, porque não é esse o desejo de Deus para mim nem para você.

Deus não quer que você viva no sofrimento, na solidão, na tristeza. O Deus que eu conheço, o Deus que eu sirvo, é o Deus que quer você feliz, que quer você realizada(o)!

Por isso, faço uma pergunta: qual hábito você precisa parar de praticar na sua vida?

E vou mais adiante: Deus quer renovar sua vida hoje. Você aceita?

Então, agora é a hora de pensar por alguns minutos, refletir em silêncio em tudo de mal e de ruim que você gostaria de parar na sua vida. Em seguida, faça a seguinte oração:

Oração

Em nome do Pai, do Filho e do Espírito Santo. Amém.

Senhor, para todo o mal que está acontecendo na minha vida. Para, Jesus, toda a desordem na qual estou vivendo. Eu renuncio, Senhor, a todo o mal. Eu renuncio, Jesus, a tudo aquilo que me faz ser infeliz. Eu renuncio, Jesus, a toda a apatia e falta de vontade de seguir o caminho.

Que caiam por terra por Teu poderoso nome, Jesus Cristo, toda a maldição, todo o atraso de vida, tudo aquilo que está acabando com a minha família, com o meu casamento [ou relacionamento], com os meus filhos [se tiver], com a minha saúde, com a minha vida.

Eu preciso, Senhor, desta cura, hoje. Eu preciso, Jesus, deste milagre, da libertação dos vícios e de tudo o que atrasa meu caminho. Jesus, me liberta, pois preciso ser renovada(o). Eu quero, Senhor, e necessito da Tua graça em minha vida. Eu não termino o meu dia de hoje sem minha vitória, sem a minha graça, sem a minha cura, sem o meu milagre.

Senhor Jesus Cristo, eu peço agora por meus filhos [ou pelas pessoas que mais amo]: derrama a Tua Graça sobre a minha vida e sobre a vida deles, livra e nos protege de todo mal, de todo perigo, de toda doença do corpo e da alma.

Eu tomo posse, Jesus, desta alegria que o Senhor preparaste para mim, ainda que venham noites traiçoeiras, mesmo que a cruz seja pesada, eu quero sorrir. Pois

Contigo eu consigo vencer, pois tomo posse da Tua Palavra, que me diz: "Eis que faço nova todas as coisas".

O Senhor me criaste para ser feliz, não me criaste para ficar na depressão, na angústia, no sofrimento, na derrota, no desânimo. O Senhor mesmo disseste: "Eu vim para que todos tenham vida, e a tenham em abundância, e a tenham em plenitude". Eu Te louvo e Te agradeço, Senhor, pois eu já me sinto transformada(o) pelo Teu amor.

Em nome do Pai, do Filho e do Espírito Santo. Amém.

27. Deixei a tristeza morar em mim. E agora?

Reflexão

Hoje eu quero perguntar a você: por que vive triste? Quando estamos tristes, mesmo que a gente queira disfarçar com um sorriso no rosto, o coração não nega: a tristeza está lá. Parece morar dentro da gente. Você consegue entender como isso pode impactar sua vida?

Há uma passagem no Evangelho que é muito conhecida, sobre os discípulos de Emaús (Lucas 24,13-18). Esse episódio nos diz que, ao terceiro dia da Páscoa, dois discípulos andavam na direção de uma aldeia chamada Emaús. E diz a Palavra que eles iam conversando um com o outro, falando sobre tudo que tinha acontecido, tudo que havia se passado com Jesus — a prisão, a crucificação e a morte.

Eles seguiam tristes, abatidos, desanimados, caídos. E, enquanto estavam conversando, tentando entender tudo aquilo que havia acontecido, Jesus aproximou-se e começou a caminhar com eles. E, impressionantemente, eles não reconheceram Jesus!

Como pode Jesus caminhar com dois discípulos com os quais Ele conviveu e esses não o reconhecerem? Que coisa estranha, não é?

Diz, ainda, a Palavra que era como se os olhos deles estivessem vendados. E por isso eles não o reconheciam. E sabe qual é a pergunta de Jesus? A pergunta que Ele também faz para mim e para você?

"Por que vocês estão tristes?"
Os discípulos olharam assustados para Jesus. E sabe o que eles responderam? "És tu acaso o único forasteiro em Jerusalém que não sabe o que nela aconteceu estes dias?"

Mesmo sendo discípulos de Jesus, tendo acompanhado Jesus em tantos lugares, eles não o reconheceram! E sabe qual é o motivo? Jesus explica que eles não conseguiram reconhecê-lo porque estavam tristes. É isso mesmo: não conseguiram reconhecer Jesus por causa da tristeza que carregavam!

Sendo direto: quem está com o coração triste não consegue enxergar Jesus. Quem está com o coração amargurado, angustiado, não consegue reconhecer Jesus. Minha irmã, meu irmão, você pode ir à missa, participar da Eucaristia, ir ao culto todos os dias, mas se estiver triste voltará para a sua casa com o mesmo coração vazio. E não pode carregar tristeza um coração que ama a Cristo e a Deus.

A tristeza, a angústia e a depressão vendam seus olhos, você não enxerga Jesus e, o pior, não consegue enxergar a solução para determinado problema que está enfrentando por estar abatida(o), com a cabeça baixa, todo o tempo introspectiva(o). Não consegue enxergar a luz, pois a tristeza, a angústia, a depressão, a raiva, o ódio, o rancor nos tiram a visão.

Por isso, com frequência parece que vivemos numa mesmice, numa lama, sem conseguir encontrar a solução para os nossos problemas. Veja, é claro que ninguém é feliz e radiante o tempo todo, ter algum momento de tristeza pelo caminho é normal. O que não pode acontecer é ser triste a maior parte do tempo ou todos os dias.

Todas as vezes, na nossa vida, que sentimos muita tristeza e que ficamos vibrando por tempos e tempos aquela angústia, não conseguimos enxergar Jesus Cristo. Com problemas, dificuldades, facilmente nos abatemos. A tristeza começa a morar em você, não vai mais embora. E você não vai conseguir resolver nada com uma hóspede não convidada.

Mande embora a tristeza! Enquanto não pararmos e renunciarmos a ela, não vamos poder seguir em frente.

Por isso a minha proposta para você está no Evangelho sobre os discípulos de Emaús: eles continuaram a conversar com Jesus sem reconhecê-lo, colocando para fora toda a amargura, toda a tristeza... Jesus passou a falar com eles com toda a Sua sabedoria e, diz a Palavra, o coração deles ardeu, e os dois começaram a se transformar, renovados, curados daquela dor. Foi aí que eles pediram para que Jesus ficasse. E, com o tempo, com a conversa, a tristeza foi completamente embora e ficaram no coração dos dois a alegria e a esperança. Foi aí que reconheceram Jesus!

Então, é exatamente essa a proposta de Deus para mim e para você. A graça, a misericórdia, a força, de tal maneira que toda a nossa tristeza, a nossa angústia e o nosso sofrimento sejam deixados de lado.

"Não tenhais medo."

Coragem: para as pessoas mais fortes, Deus concede mais desafios.

Problemas teremos sempre, dificuldades, angústias, tristezas e desânimos, mas Deus também teremos sempre conosco. E com Ele, tudo podemos.

Tudo posso Naquele que me fortalece, porque o impossível para os homens é possível para Deus.

Oração

Em nome do Pai, do Filho e do Espírito Santo. Amém.

Senhor Jesus Cristo, diante da Tua presença, eu quero pedir perdão, pois é grande a minha dor ao ver que tive o descuido de Te ofender tantas vezes. Mas o Senhor, com coração de Pai, não só me perdoaste como ainda me convidaste a pedir o que preciso, pois o Senhor mesmo disseste: "Pedi e recebereis, batei a porta e ela vos será aberta, pois quem pede recebe e quem procura acha".

Por isso, Jesus, diante da Tua Presença, eu quero pedir que todos os meus pecados sejam lavados pelo Teu sangue, por essa água viva, pura, que vem levar tudo aquilo que me deixa triste. Leva embora essa tristeza que deixei entrar e ficar em mim.

Sei que sou miserável e cheia(o) de erros, mas eu quero sempre acertar, Senhor. Perdoa-me de todas as minhas culpas, de todas as minhas falhas, por ter me esquecido tantas vezes que posso ser quem for, mas sem Ti, Senhor, eu não sou nada.

Cura, Senhor, as minhas angústias, o meu sofrimento, a minha dor, a insatisfação e a frustração. Quero estar com o coração limpo, com a minha alma limpa, com o meu corpo e com a minha vida completamente limpos para, assim, sentir a Tua presença, a Tua graça, o Teu perdão e a Tua força na minha vida.

Renova-me, Senhor, pois tudo que há dentro de mim precisa ser mudado, tudo que há dentro do meu coração precisa mais de Ti. Senhor, não me deixe sozinha(o), pois preciso desse milagre na minha vida.

Em nome do Pai, do Filho e do Espírito Santo. Amém.

28. Você escuta a vontade de Deus?

REFLEXÃO

Quantas vezes em nossa vida ouvimos a opinião do vizinho, do amigo, do parente e fechamos nossos ouvidos para quem realmente importa: Deus. Na vida, quando as coisas não vão muito bem é porque somos desobedientes e não perguntamos para Deus qual é nosso caminho, preferimos escutar qualquer um, e não a voz do Pai, que quer o nosso bem.

A Palavra de Deus, em Gênesis, nos relata a história da criação do jardim do Éden e de um casal, Adão e Eva. A Palavra nos atesta que o pecado, o mal, entrou no mundo por causa da desobediência. Deus foi claro com Adão e Eva ao dizer que eles poderiam comer de tudo o que estava no jardim do Éden, exceto do fruto de uma árvore específica.

Eva é tentada por uma serpente a comer o fruto proibido. Infelizmente, Eva escutou a voz do mal, escutou a voz da serpente, que dizia: "Vá lá, se eu fosse você, faria isso". Cuidado com o "se eu fosse você, faria isso". Na vida, erramos muitas vezes por isso, por escutarmos o que o outro diz. É preciso não fazer a vontade do outro, mas a vontade de Deus. Quando você não faz a vontade de Deus na sua vida, começa a desgraça, o mal, o erro e o pecado.

Adão tinha sido muito obediente, até que Eva chegou, subiu na árvore, pegou a maçã, deu a primeira mordida e, naquele momento da desobediência, entrou o pecado. E o que ela fez? Não quis ir para o buraco sozinha, não, chamou Adão e disse: "Dá uma mordida, uma mordidinha só...". E o que o bobão fez? Mordeu a fruta. É sempre assim, quando uma pessoa cai no buraco, ela quer levar alguém junto.

Se escutássemos a voz de Deus, tudo na nossa vida seria diferente. Você já pensou que tudo ao seu redor parece destruído? Nada dá certo? Você já pensou que pode estar ouvindo todos, menos a Deus? Já parou para refletir se aquele fofoqueiro que fica dando opinião na sua vida sabe mais que Deus? Claro que não sabe! Mas você dá ouvidos a ele, distancia-se da vontade de Deus, e aí o pecado faz a festa!

O mal, o pecado, entrou no mundo por causa da desobediência. Por que muitas coisas dão errado na nossa vida? Porque não somos obedientes, pois é preciso escutar somente uma voz: a voz do bem, a voz de Deus.

E há uma diferença imensa entre ouvir e escutar. Escutar é muito mais do que ouvir, significa que os ouvidos do coração foram tocados e, a partir disso, você colocará em prática aquilo que internalizou. A vontade de Deus nos toca ao coração.

Gosto muito de usar este exemplo: o que acontece quando um filho desobedece à mãe e ao pai? Quantas vezes você, jovem, prefere ouvir seus amigos, seus colegas, mas não escuta sua mãe nem seu pai, que são aqueles que mais querem seu bem? Depois, quebra a cara e vai correndo para quem, pedindo ajuda? Para a mamãe e para o papai! É exatamente disso que estou falando! Ao não escutar Deus, você está desobedecendo Àquele que mais te quer bem.

O primeiro passo para sair dessa lama em que está atolada(o) por ouvir outras pessoas e não escutar Deus é assumir. Você tem que ser homem e mulher o suficiente para assumir as consequências dos erros que você comete, não adianta culpar Deus, dizendo que Ele não estava olhando por você. Perceba que você lhe desobedeceu, abra seu coração para escutá-Lo, e somente a partir daí sua vida vai melhorar.

Oração

Em nome do Pai, do Filho e do Espírito Santo. Amém.

Senhor Jesus Cristo, eu estou diante da Tua divina e gloriosa existência e quero agradecer a Tua presença em minha vida. Cobre-me com Teu manto sagrado, Jesus, e livra-me de todo o mal, de todo o perigo.

Jesus, com a Tua presença poderosa, eu peço ao Senhor que me ajudes a seguir fielmente os caminhos de Deus, nosso Pai. Peço que me abras os ouvidos, a mente e o coração para que eu seja tocada(o) pela vontade Divina. Para que saiba ouvir e distinguir o que é vontade Dele e o que é tentação e pecado.

Senhor, deixa-me ser esse diamante, essa pedra bruta que precisa ser lapidada por Ti, pela vontade de Deus e pelos caminhos que me são designados. Eu escolho as Tuas palavras, Senhor. Escolho a vontade do Pai. Sei que assim serei abençoada(o) com tantas alegrias e com tantas vitórias. Para isso, ajuda-me a ouvir Deus e somente a Ele.

Em nome do Pai, do Filho e do Espírito Santo. Amém.

29. Meu Deus, como está a minha vida?!

REFLEXÃO

Seja no fim de ano, seja em nosso aniversário, seja em algum momento de introspecção, de tempos em tempos sentimos a necessidade de fazer um balanço de nossa vida. Um balanço nada mais é que ponderar o que foi/ está sendo bom e o que foi/ está sendo ruim. E muitas vezes o resultado desse balanço é um sonoro: "Meu Deus, como está a minha vida?!".

Pensando nisso e aproveitando que estamos juntos, em profunda conexão através deste livro, quero te convidar para fazermos esse balanço e pensar um pouco sobre como está a sua vida.

Eu queria começar falando com você que é filha(o). Seria bom que você meditasse sobre a Palavra de Deus do livro do Eclesiástico (3,2): "Deus honra o Pai nos filhos e confirma, sobre eles, a autoridade da mãe".

Você, o filhão desobediente, que sabe mais do que todo mundo, certamente não gostou muito dessa ideia, não é mesmo? Ou você, a filha que já se julga totalmente independente. Mas preste bastante atenção: "Quem honra o seu pai, alcança o perdão dos pecados; evita cometê-los e será ouvido na oração cotidiana". Você já parou para pensar que você tem nas suas mãos, querida(o) filha(o), a chave para a libertação, para a felicidade e para a realização?

Todos nós que temos família, pai, mãe, avó ou tio que te criou como se fosse mãe e pai, se os honrarmos, diz a Palavra, vamos alcançar o perdão dos pecados. Que coisa maravilhosa! A nossa oração será ouvida! Se você é cabeça-dura e ainda não está convencida(o), escute bem, vou deixar algumas passagens que nos provam isso:

"Quem honra o seu pai e mãe terá alegria com seus próprios filhos; e no dia em que orar, será atendido" (Eclesiástico, 3,5). "Quem respeita o seu pai e a sua mãe, terá vida longa" (Eclesiástico, 3,6). "Meu filho, ampara o teu pai na velhice e não lhe causes desgosto enquanto ele vive. Mesmo que ele esteja perdendo a lucidez, procura ser compreensivo para com ele; não o humilhes, em nenhum dos dias de sua vida: a caridade feita ao teu pai e mãe não será esquecida" (Eclesiástico, 3,12-13).

E você, minha irmã, meu irmão, cujo balanço revela uma desordem. Uma casa infeliz; filhos que não respeitam; dinheiro que não entra... Eu tenho uma resposta para isso: ou você está errada(o), ou tudo o que está fazendo está errado, o que dá praticamente no mesmo. E qual é a solução? Qual é o caminho? Enfrentar o seu maior adversário, que, muitas vezes, não é o demônio, não é o inimigo, e sim você mesma(o).

Por que eu digo isso? Você quer tanto que todo mundo mude, que todo mundo te respeite, que sua vida ganhe uma radical mudança, mas você quer continuar igual? Agindo da mesma maneira? Sendo ranzinza, achando que tudo é uma porcaria, acomodada(o) e sem vontade para nada, você acha realmente que alguém vai mudar com você?

A mudança real, verdadeira, só se dá com Jesus Cristo. E se você quer mudar esse marasmo, mude com Jesus Cristo, coloque Jesus na sua casa, na sua família, na sua vida, na vida dos seus filhos, faça você a diferença, mostre que você é diferente. Não conseguimos convencer nada nem ninguém com ignorância, falta de amor, falta de paciência ou falta de fé. Você só vai convencer seu filho, sua filha, seu pai, sua mãe, todo o seu entorno, no dia em que chegar para eles com o melhor testemunho do que você vive. Em Cristo e com amor.

Aproveite este momento nosso, aqui, no qual sei que você está refletindo sobre isso e vamos fazer uma reflexão maior e mais íntima: Como está o seu coração hoje? Como você gostaria que estivesse o seu coração, a sua vida e a sua família?

Minha irmã, meu irmão, os caminhos são muitos, mas a escolha é sua, por isso que eu digo: o maior adversário é você mesma(o), você precisa enfrentar a si próprio, você precisa saber qual é a sua escolha e o que você quer de fato, pois muitas vezes aquilo que você diz da boca para fora não é a verdade, não é o que você leva para dentro da sua casa. Não adianta falar palavras bonitas, ir à igreja, rezar, mas ter atitudes contraditórias.

Sabe por que a sua família pode estar bagunçada, desestruturada, problemática, confusa?

Você busca por Deus, e muitas sementes maravilhosas são entregues por Ele a você. Porém, você deixa as sementes caírem no meio do caminho e, quando chega em casa, não tem mais nada para semear e plantar.

Pense com carinho nas perguntas que faço a seguir. Pare e reflita sobre cada uma delas, mesmo que tenha de fazer uma pausa na leitura e retomá-la depois, mas se atente:

O que você plantou até aqui em sua vida? E o que você vem colhendo? O que quer plantar daqui para a frente?

O que você está plantando para colher depois?
O que você quer melhorar, hoje, na sua casa, na sua família, na sua vida?

Pensou bem sobre essas questões?
Eu aprendi o seguinte, algo muito simples e quem me ensinou foi minha avó: quem planta arroz, colhe arroz. Não existe isso de plantar banana e colher mandioca. E a vida é assim, a gente colhe o que planta.

Comece a plantar todas as coisas maravilhosas de Deus na sua vida, na sua casa, na sua família, no seu casamento, no relacionamento, no meio dos seus filhos… Pois quem planta amor, colhe amor; aquele que planta paz, colhe paz; aquele que planta perdão, colhe perdão.

Se você quer um resultado diferente, plante outra coisa, entendeu? E as sementes mais lindas de Deus estão em sua vida por meio de Jesus Cristo; dos ensinamentos de Jesus, daquilo que Ele nos deixou. Sem Jesus Cristo na sua vida, por mais alto que você esteja, um dia você vai cair. Tem um ditado popular que também aprendi com a minha avó (ô mulher sábia!), que diz: "Quanto mais alto você estiver, mais alta será a sua queda".

Não tente levar a vida sem Jesus Cristo. Quantas pessoas têm sucesso, poder, fama, milhares de likes nas redes sociais, muito dinheiro, beleza, mas não têm felicidade? O dinheiro compra uma bela casa, uma bela fazenda, um belo apartamento, mas nem sempre te dá um lar; compra uma belíssima cama, mas pode não te dar o sono. Veja o tanto de gente que, depois de um dia longo e exaustivo de trabalho, precisa se intoxicar de calmantes para dormir, ainda que esteja na melhor cama e na melhor casa... Algumas pessoas são tão pobres que só têm dinheiro... A mulher e o homem mais ricos do mundo têm "apenas" quatro coisas: Deus, família, amigos e saúde. Do restante, correm atrás.

Oração

Em nome do Pai, do Filho e do Espírito Santo. Amém.

Ó, meu Jesus, diante de Ti quero Te pedir perdão. Perdão por todas as vezes que me afastei da Tua presença; perdão, Senhor, pelas vezes que julguei e maltratei o meu irmão; eu Te peço perdão pela minha falta de caridade; perdão pela falta de amor, de fé e de esperança. Perdão, Jesus, pelas vezes que saí do Teu caminho, esquecendo-me de que só o Senhor é o caminho, a verdade e a vida.

Peço-Te perdão, Senhor, pela fofoca, pela mentira, por eu ter causado desunião, intriga, briga entre os meus próximos, entre a minha família, entre os meus amigos e os meus colegas de trabalho.

Perdão, Senhor, pelo julgamento, pelas vezes que julguei o meu próximo, esquecendo-me da Tua Palavra, que diz: "Não julgueis para não serdes julgados; não condeneis para não serdes condenados; porque com a mesma medida que medirdes os outros, vós também sereis medidos".

Perdão, Senhor, porque tantas vezes eu tenho buscado as riquezas da vida e do mundo, esquecendo-me de que a maior de todas as riquezas é estar Contigo, Jesus, pois estando Contigo tenho a certeza de que tudo posso Naquele que me fortalece. E de que nada, jamais, me faltará.

Lava-me, purifica-me e derrama o Teu sangue precioso sobre a minha vida, a minha casa, a minha família, os meus sonhos e os meus projetos.

Em nome do Pai, do Filho e do Espírito Santo. Amém.

30. Eu não aguento mais! O que faço?

Reflexão

Nos dias de hoje, uma das frases que mais escuto é: "Eu não aguento mais!". Eu não aguento mais tanto sofrimento; eu não aguento mais tanta perseguição; eu não aguento mais esse casamento; eu não aguento mais esse meu marido; eu não aguento mais este meu emprego; eu não aguento mais...
Quando você diz que não aguenta mais, você está dizendo que vai desistir de tudo?

Todos nós já escutamos falar sobre uma mulher chamada Ester. A Bíblia é cheia de exemplos de mulheres guerreiras, e Ester é uma delas. Judia e órfã, ela se exilou na Pérsia quando jovem e depois se tornou rainha da Pérsia e ajudou a defender o povo judeu. Ela não tem medo, é uma mulher ousada, corajosa. Se todos nos inspirarmos em Ester, certamente teremos um mundo melhor. Ela não é fraca, não desiste por qualquer coisa.

Dificuldades, sempre teremos; surpresas desagradáveis acontecerão em nossa vida. E quando você diz que não aguenta mais, o caminho é desistir? Jamais! Desistir é a saída dos fracos e insistir é o caminho dos fortes.

É preciso se conscientizar de que mesmo nas dificuldades da vida, se Jesus estiver presente e você for forte, guerreira(o), corajosa(o) e ousàda(o), tudo será diferente.

Gosto muito também da história das bodas de Caná da Galileia. Era um casamento e Maria, a mãe de Jesus, estava lá com os discípulos Dele, já que todos foram convidados. No meio da festa, acabou o vinho. Maria chega até Jesus e diz:

"Eles não têm vinho!"
Jesus lhe responde:
"Mulher, para que me diz isso? A minha hora ainda não chegou."

Maria, então, vai até as pessoas que estavam servindo no casamento e pede para que façam tudo o que Jesus disser. O Evangelho nos conta que no local havia seis talhas de pedra, e em cada uma delas cabem mais ou menos cem litros. E Jesus diz:
"Enchei as talhas de água!"
E eles as encheram até a borda. Então, ele diz:
"Agora, tirai e levai ao encarregado da festa."
E eles levaram. O encarregado da festa, sem saber o que tinham feito, experimentou a água, que havia se transformado em vinho, chamou o noivo e o parabenizou, dizendo que ele tinha guardado o melhor vinho para o final da festa.

Olhe que espetacular! O melhor vinho vem das mãos de Jesus. Quem não queria experimentar um vinho desses? Mas, sem brincadeiras, das mãos Dele vem tudo do bom e do melhor.

Por isso, minha dica para você é esta: tenha a ousadia de Ester, a coragem de Maria e a presença de Jesus. E, certamente, virá das mãos Dele tudo do bom e do melhor, no começo, no meio e no fim da festa da vida.

Oração

Em nome do Pai, do Filho e do Espírito Santo. Amém.

Meu Senhor e meu Deus, vem me renovar neste dia. Eu quero Te pedir perdão. Perdão por todos os meus pecados, quero colocar-me diante da Tua presença e dizer o quanto sou miserável, Senhor, o quanto necessito buscar as coisas do alto.

Renova a minha vida agora, renova o meu coração, transforma a minha vida e tira-me dessa situação de pecado, de sofrimento, de apatia e de dor.

Sim, Jesus Cristo, quero pedir perdão por todas as vezes que eu não coloquei o Senhor como prioridade e como meta na minha vida. Por todas as vezes nas quais me esqueci que sem Ti não sou absolutamente nada. E falhei. Perdi a fé, perdi a coragem.

Renova, Senhor, a minha vida, pois tudo o que há dentro de mim precisa ser mudado, tudo o que há dentro de mim precisa ser transformado. Me ajuda, me dá força para que eu não pense em desistir.

No íntimo do meu coração, quero dizer tudo aquilo que está guardado dentro de mim e que precisa ser colocado para fora. Por isso, Jesus, quero pedir que o Senhor escutes a minha prece, que escutes o meu pedido de perdão e, de modo particular, quero pedir perdão pelas minhas misérias, pelos meus pecados, porque eu não sou digna(o) de que o Senhor entres na minha casa, na minha vida.

Quero Te pedir perdão pelas minhas misérias, pelo meu fracasso, pela minha humanidade, por minha fraqueza, que tantas vezes fala mais alto. Mas o Senhor conheces o meu coração. E por isso peço coragem e determinação para seguir meu caminho da melhor maneira.

Que eu e minha família sejamos renovados por Tua força, por Teu amor e por Tua misericórdia.

Salve, Rainha, Mãe de misericórdia, vida, doçura e esperança nossa, salve! A Vós bradamos, os degredados filhos de Eva; a Vós suspiramos, gemendo e chorando neste vale de lágrimas. Eia, pois, advogada nossa, esses Vossos olhos misericordiosos a nós volvei; e depois deste desterro nos mostrai Jesus, bendito fruto do Vosso ventre, ó clemente, ó piedosa, ó doce, sempre Virgem Maria.

Rogai por nós, Santa Mãe de Deus, para que sejamos dignos das promessas de Cristo.

Em Nome do Pai, do Filho e do Espírito Santo. Amém.

31. Deus diz e Deus faz

Chegamos agora ao encerramento deste livro. Passamos juntos por alguns dias especiais, nos quais pudemos discutir tantos pontos importantes! E, agora, faremos diferente. Vamos começar este capítulo sem uma reflexão específica, pois aqui eu vou chamar sua atenção para uma das coisas mais essenciais para termos em mente.

Agora, juntos, como ficamos neste livro todo, vamos entender algo precioso. Em uma de minhas orações, eu estava contemplando a primeira leitura da Bíblia, o Gênesis. E o que mais chamou minha atenção, e eu quero compartilhar com você aqui, é que já no primeiro capítulo, ou seja, em Gênesis 1, está escrito diversas vezes: "Deus disse [...] e assim se fez", ou "Deus disse, Deus fez". Diversas vezes, pode contar!

Deus diz e Deus faz! É isso o que acontece em nossa vida quando nos permitimos e nos colocamos nas mãos de Deus. E Ele quer fazer muito por nós! O que falta, então? Vamos pegar todas as nossas reflexões deste livro. Tratamos de assuntos variados e, por muitas vezes, pesados. E de onde vem o mal que nos aflige? Da falta de Deus, da falta de obediência.

Parece caretice falar em "obediência". Mas obedecer não é ser fraco. Pelo contrário! É ter coragem. Veja São Miguel, esse arcanjo magnífico, cheio de força e de coragem. Ele obedece fielmente a Deus. E por obedecer a Deus ele é um anjo poderoso, forte e corajoso.

O que é obedecer a Deus? Falando de uma maneira bem simples: é obedecer às regras do amor, do amor a Deus, acima de tudo, e do amor ao próximo. Qual é o primeiro, o maior de todos os mandamentos?

Vamos ler no Evangelho de Mateus (22,34-40), quando os fariseus quiseram testar Jesus:

> Os fariseus ouviram dizer que Jesus tinha feito calar os saduceus. Então eles se reuniram em grupo, e um deles perguntou a Jesus, para testá-lo: "Mestre, qual é o maior mandamento da Lei?". Jesus respondeu: "*Amarás o Senhor teu Deus de todo o teu coração, de toda a tua alma e de todo o teu entendimento.* Esse é o maior e o primeiro mandamento. O segundo é semelhante a esse: *Amarás o teu próximo como a ti mesmo*. Toda a Lei e os profetas dependem desses dois mandamentos".

Jesus é espetacular! Ele é fantástico! Perceba que ele cola o primeiro mandamento no outro e praticamente faz um único mandamento — amar a Deus sobre todas as coisas e ao próximo como a ti mesmo.

"O que eu preciso fazer para ir para o céu?", me perguntam. Amar a Deus sobre todas as coisas e ao próximo como a ti mesmo. No fim, querida irmã, querido irmão, tudo se resume a isso. E olhe que maravilha: se você obedecer a esse mandamento, eu te garanto que o seu céu começa aqui. Sua vida vai fluir, você será próspera(o), terá sucesso no que faz, seus amigos vão querer estar com você, sua família será abençoada, você será essencial em seu trabalho. E será marcada(o) pela coragem. A coragem que habita Miguel. A coragem que só Deus pode te dar. Pois Deus diz e Deus faz.

Fiquem com Ele e até a próxima, se Deus quiser!

Agradecimentos

Agradeço a Deus e Nossa Senhora, Mãe de todas as mães, por me darem a oportunidade de ser quem sou e levar a mensagem de Deus pelo mundo. Também gostaria de agradecer ao meu querido e ilustríssimo Bispo Dom Pedro Luiz Stringhini, por todo seu apoio infindável, a minha mãe Fatima e a minha avó Joana por todos os ensinamentos. Por fim, dou graças as minhas queridas velhinhas, que me acompanham incessantemente.

Com carinho,

Padre Alessandro Campos

Este livro, composto na fonte Fairfield,
foi impresso em pólen soft 70 g/m² na Leograf.
São Paulo, maio de 2021.